Couverture inférieure manquante

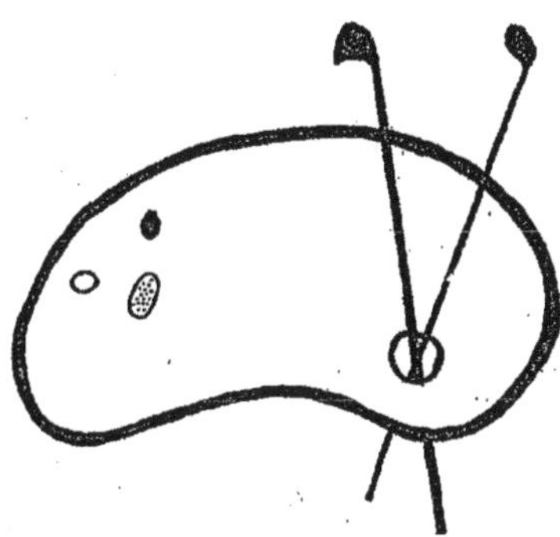

DEBUT D'UNE SERIE DE DOCUMENTS
EN COULEUR

INSTITUT DE FRANCE

BARDOUX

NOTICE HISTORIQUE

Lue en séance publique le 7 décembre 1907

PAR

M. GEORGES PICOT

SECRÉTAIRE PERPÉTUEL
DE L'ACADÉMIE DES SCIENCES MORALES
ET POLITIQUES

PARIS
LIBRAIRIE HACHETTE ET Cie
79, BOULEVARD SAINT-GERMAIN, 79

1908

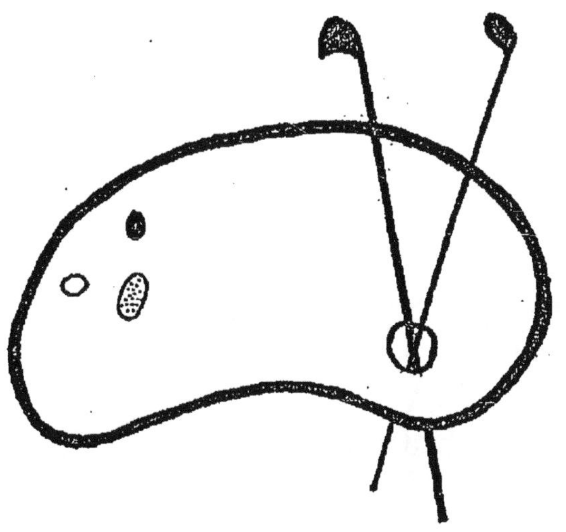

FIN D'UNE SERIE DE DOCUMENTS
EN COULEUR

BARDOUX

NOTICE HISTORIQUE

Lue en séance publique le 7 décembre 1907

COULOMMIERS
Imprimerie Paul BRODARD.

INSTITUT DE FRANCE

BARDOUX

NOTICE HISTORIQUE

Lue en séance publique le 7 décembre 1907

PAR

M. GEORGES PICOT

SECRÉTAIRE PERPÉTUEL
DE L'ACADÉMIE DES SCIENCES MORALES
ET POLITIQUES

PARIS
LIBRAIRIE HACHETTE ET Cie
79, BOULEVARD SAINT-GERMAIN, 79

1908

BARDOUX

NOTICE HISTORIQUE

Lue en séance publique le 7 décembre 1907.

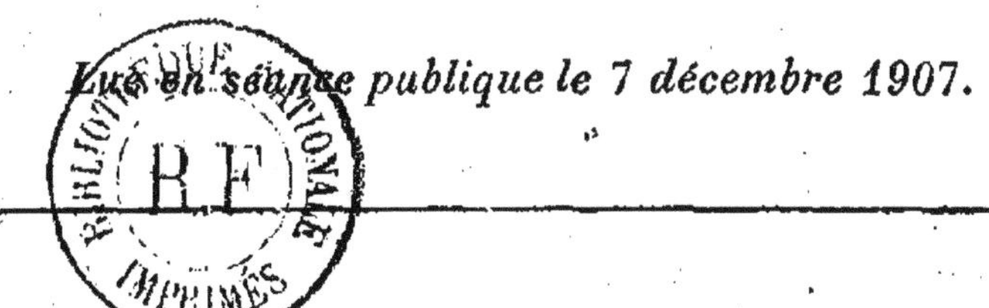

Messieurs,

Augustin Thierry, résumant ses jugements sur les Français d'autrefois, disait : « Nos ancêtres du moyen âge avaient, il faut le reconnaître, quelque chose qui nous manque aujourd'hui, cette faculté de l'homme politique et du citoyen qui consiste à savoir nettement ce qu'on veut et à nourrir en soi des volontés longues et persévérantes. »

Lorsque l'historien du tiers-état, qui n'aimait pas à médire de son temps, portait ainsi, vers le milieu du XIXe siècle, sur ses contemporains un jugement si sévère, il aurait pu, en regardant auprès de lui, trouver des caractères dignes d'échapper à sa condamnation, des hommes qui, attachés à une foi politique, ont su clairement ce qu'ils voulaient, se sont dirigés vers le même but, ne subordonnant pas leurs convictions au succès et sachant braver l'impopularité, sans se courber ni se taire.

Il faut se garder de condamner sans merci une époque ou une race. Non loin des impatients qui se pressent pour obtenir à tout prix des faveurs ou des places, derrière les politiciens qui attendent de leurs électeurs leurs convictions, abaissant leurs yeux vers la foule pour lui demander ses ordres ou guetter ses caprices, il en est d'autres qui méritent vos regards. Lorsque, parmi ce flot pressé d'hommes dénués d'esprit politique et épris de leur intérêt personnel, vous découvrez des âmes d'élite qui ont échappé aux épidémies morales de leur temps, vous n'hésitez pas, Messieurs, à les appeler dans votre Compagnie, et si l'un d'eux a porté dans la politique comme dans les lettres avec le goût de l'action, le courage de la lutte, le culte de l'idéal, vous aimez, quand il n'est plus, à entendre retracer les incidents de sa vie. Il y a dix ans que nous avons perdu M. Bardoux. Pendant trente années, il a partagé les émotions des hommes de son temps : avocat dans sa province, membre de l'Assemblée Nationale, député, ministre, sénateur, il a été mêlé à tous les événements, a pris part à toutes les discussions; il a conçu des espérances et subi des déceptions qu'il faut noter, car, lumières et ombres, elles seules font saisir les reliefs dans le tableau de l'histoire.

Il naquit en janvier 1829. Son père, originaire du Bourbonnais, exerçait alors à Bourges un emploi dans les contributions directes dont il devait devenir directeur; lorsque l'enfant fut en âge d'entrer au collège, sa mère le conduisit à Clermont où elle s'établit pour surveiller son éducation. Elle était bien l'image de ces femmes d'autrefois dont il s'est plu à retracer les traits, vivant d'une vie très retirée et très simple, pieuse et lettrée, ayant dans le cœur l'amour de Dieu et de tout ce qui est beau, faisant lire à l'enfant les chefs-d'œuvre de notre littérature, les lui faisant comprendre, lui apprenant à les aimer, allumant en son âme ces ardeurs qui ne s'éteignent pas et qui préparent pour la vie un foyer d'enthousiasme. A ce contact, son esprit s'ouvrait; il s'intéressait passionnément à ses études; il avait commencé de grandes traductions de Cicéron et de Juvénal, de Pindare et de Sophocle; ses condisciples étaient sous le charme de ses vers et ils assuraient que ses succès d'écolier présageaient dès lors son avenir.

Le barreau l'attirait; c'est à Paris qu'il alla faire son droit. Il y arrive en 1849. Ses lettres le font connaître tout entier. Chez les natures vraiment saines, l'indépendance n'est pas un danger; par un contraste fécond, il était fier d'être seul et il en souffrait, en même temps que l'amour de la famille qui avait été jusque-là un sentiment paisible devenait un besoin passionné à mesure qu'il en sentait la privation. Les années passées à Paris, loin de sa mère, contiennent tout en germe. L'école de droit forme le fond de sa vie; il sait qu'il ne doit rien attendre que de son travail : il suit les leçons de Valette, étudie la procédure, cherche des répétitions; mais cette existence laborieuse ne l'empêche pas de s'intéresser aux événements publics. A tout instant, dans la correspondance, un mot perce, apportant une réflexion qui est un trait de lumière. Dès qu'il sort de l'École de droit, il vole à la Sorbonne. Il suivait plusieurs cours; mais ses préférences le portaient vers ceux de Jules Simon et de Saint-Marc Girardin, écoutant ces leçons sur Jean-Jacques Rousseau qui enflammaient la meilleure partie de la jeunesse et, dans son transport, il écrivait en sortant de la Sorbonne : « Cela fait du bien de secouer la léthargie. »

C'est l'honneur de la jeunesse dans l'exubérance de la vie de se plaindre toujours de la somnolence qui l'entoure. Impatient d'agir, le jeune homme, l'esprit plein de ses lectures, s'est fait un idéal que le monde ne satisfait pas. A l'heure où il regarde pour la première fois autour de lui, il accuse son temps, le présent le dégoûte et l'irrite. Les ambitieux pressés ne pensent qu'à l'avenir. Les rêveurs, les poètes préfèrent le passé. Bardoux songeait, dans ses veillées laborieuses, après avoir fermé ses livres de droit, aux survivants des générations à demi éteintes. En quittant Clermont, le cœur lui battait en pensant qu'il allait habiter la ville où vivaient ceux qui avaient remué l'imagination de sa jeunesse. Il cherche à les entrevoir. S'il pouvait les rencontrer, les suivre de loin, avec quelle joie il rentrerait le soir dans sa petite chambre d'étudiant! Ce n'est pas seulement la poésie avec Lamartine et

Victor Hugo, Musset ou Béranger qui le passionne, mais l'histoire, l'éloquence politique. A vingt ans, il s'était déjà épris des grands bourgeois de la vieille France, austères et patriotes, philosophes et politiques, persévérant dans la lutte et sachant après la défaite demeurer debout. Il lui semble que « de ces bourgeois de l'ancienne roche, un seul subsiste ». M. Guizot lui réprésente l'image qu'il s'en est faite : c'est bien un revenant du XVIe siècle. A peine arrivé à Paris, il multiplie les efforts pour l'entrevoir. Le jour où l'Académie reçoit M. de Saint-Priest, il passe des heures d'hiver, sur le quai, bravant le froid, pour le voir sortir de l'Institut. Il est plus heureux, quelques mois plus tard. A la réception de M. de Montalembert, il obtient un billet : sa joie déborde. Cette fois, il était en face de M. Guizot qui présidait : « J'étais suspendu à ses lèvres, écrivait-il le soir même; je n'ai pas perdu des yeux ce noble front chargé de tristesses. J'avais, depuis trois mois, besoin d'admirer. Le spectacle des choses humaines avait rempli mon âme de mépris pour les hommes et de désespérance pour les grandes idées. L'aspect d'un homme de génie m'a fait de nouveau croire au bien, à la justice, à l'avenir. »

Le coup d'État l'avait frappé au cœur; il lui fallut longtemps pour se remettre de la secousse. Sans croire à douze années de silence, car les âmes de vingt ans ne perdent pas si vite l'espoir, il sentait que ce qu'il appelait, déjà en 1850, la léthargie, allait retomber d'un poids très lourd sur toute sa jeunesse. Il se réfugie dans le travail, s'y acharne, entreprend une immense série de lectures, ne se contente pas de feuilleter, mais multiplie les extraits, les notes; philosophes et historiens, poètes et romanciers, tout ce qui a brillé au XVIIe et au XIXe siècle remplit des cahiers qui forment des volumes; il s'entoure de tout ce qui a illustré l'intelligence; il veut échapper aux réalités. « Il faut bien s'élever au-dessus d'elles. S'il n'y avait pas l'idéal, s'écrie-t-il, que ferions-nous? »

et quelques jours après, « il règne ici un relâchement d'idées inimaginable. Les meilleures têtes perdent la tramontane. Il souffle un bien mauvais vent. Ma solitude et ton souvenir me sauvent de la contagion. » Il ne peut mener de front le droit et les relations sociales. Il se plaint du « monde qui affadit le cœur et l'esprit. On y perd le goût du travail; on y perd la rudesse et l'âpreté du cœur. » Ses vraies distractions, l'enchantement de son esprit, c'étaient la musique et les arts : une soirée aux Italiens, une après-midi de dimanche au Louvre, voilà le repos de ses heures de liberté. Il arrivait bien que les poètes prissent leur revanche ; mais alors malheur au travail. Il en fait l'aveu à sa mère. « Je me suis oublié l'autre jour en lisant André Chénier, au point de ne pas aller à l'étude. Il m'a fait rédiger un acte tout de travers. »

« Nous croyons encore à la poésie, écrivait-il en 1853, et nous avons besoin d'y croire, car c'est elle qui donne la fierté du cœur, le mépris de la réalité, le dédain des faits, l'amour et le culte de l'idéal, source éternelle des grandes vertus. Malheur aux temps de lassitude et de dissolution, où la poésie, cet écho magique de notre âme, n'admire rien, n'espère rien, cesse d'aimer et se fatigue de croire ! Nous avons besoin d'admirer. L'admiration porte l'homme à égaler ce que, sans elle, peut-être il n'aurait jamais pu qu'envier[1]. »

L'éloquence le charmait. L'attrait des études de droit, pour les talents en germe, c'est la jouissance de la parole publique. Les conférences lui plaisaient. Il y prenait la première place. Il se liait avec les jeunes hommes les plus distingués de son temps. Il écoutait les grandes voix que la tribune muette avait rendues aux échos du Palais; il commençait à plaider et ses succès lui attiraient des offres qui auraient séduit un stagiaire moins attaché à l'Auvergne. On lui

1. *Une préface*, Clermont-Ferrand, 1853, p. 5.

proposait de rester à Paris et on lui promettait une place au barreau. « Je borne mes désirs, et me demande seulement si les Clermontois voudront de moi. »

A la fin de 1855, il en faisait l'expérience, en s'inscrivant au barreau de Clermont dont il devait, quinze ans plus tard, devenir le chef.

Pour un jeune homme laborieux qui a vécu pendant cinq ans à Paris, en solitaire, la vie en province a un charme inattendu : auprès du foyer de sa mère, se groupaient des amis qui lui avaient gardé sa place ; on fêtait son retour et on préparait ses succès d'avenir en répétant qu'il en était digne. Les premières causes lui arrivaient. Deux ans après, alors que ses émules de Paris, traversant cette crise de doute qu'ont connue les meilleurs, vivaient d'espérances, des amitiés s'étaient formées qui attiraient autour de lui une clientèle. Ses travaux du palais ne l'empêchaient pas d'écrire ; pour se délasser de la procédure, il faisait des vers. Sous un pseudonyme, il dédiait à sa mère un volume de poésies : quelques-unes sont d'un charme pénétrant; ce sont les fleurs de sa vingtième année. Il les envoyait aux amis qui avaient applaudi à ses premiers essais. Les lettres de Gustave Flaubert, de Louis Bouilhet l'encouragent à ne pas déserter la poésie : leur correspondance longtemps continuée prouve quelle place il avait prise dans leurs réunions littéraires. Mais les progrès heureux de sa profession ne lui permettaient pas ces licences et lorsque le besoin d'un repos d'esprit le ramena vers les lettres, c'est l'histoire qui eut ses préférences. La bibliothèque de Clermont possédait des manuscrits précieux; les archives du Puy-de-Dôme, de vieux fonds du XVIe siècle; il les explora avec patience et entra en intimité avec le passé de l'Auvergne. Les efforts du pouvoir royal contre les restes de la puissance féodale l'attirèrent; il suivit par le détail les incidents de cette lutte de cinq siècles qui a été la gloire du tiers-état. De ces études sortirent les morceaux qui, réunis par la suite, ont formé le livre sur « les Légistes et leur influence sur la société française ». C'est une série de fragments, de portraits, de chapitres détachés qui font passer sous nos yeux des officiers du Parlement, un bailli de Louis XI, un député du Bas-Pays d'Auvergne aux États Généraux de Blois, des jurisconsultes, puis les précurseurs de la Révolution, et enfin les Constituants. Les meilleures pages sont celles inspirées par les documents inédits que le patient chercheur avait découvert dans les archives de sa province.

L'histoire est, au commencement comme au terme de l'existence, indispensable à celui qui aspire à la vie publique. Pour l'homme d'État, s'il est jeune, elle est un enseignement; s'il est vieux, une consolation. En songeant au tiers-état d'Auvergne, en voyant ces hommes de loi qui passaient du bailliage aux assemblées délibérantes, le jeune avocat de Clermont pensait aux événements de son temps; il y était naturellement ramené par ses correspondances avec Paris, par les relations d'amitié qu'il avait nouées à l'École de droit et au Palais, avec Émile Ollivier, Andral, Ernest Picard, Jules Ferry, avec ce groupe d'hommes jeunes qui se destinaient à la politique et dont le coup d'État avait brisé les espérances. À leurs aspirations répondaient les siennes; il sentait le besoin de penser et d'agir, de respirer et de parler librement.

L'Empire crut que les anciens partis conspiraient sa chute : la vérité est que le souvenir de trente-trois années d'un gouvernement libre, qui avait fait quelque honneur au pays et qui était demeuré cher au cœur des survivants, répondait aux espérances de tout ce qui était jeune; la rencontre vaut d'être notée, car il est rare que le passé ait prise sur les imaginations de vingt ans. Les orateurs judiciaires exerçaient un véritable prestige sur la jeunesse lasse de silence. Bardoux, comme le jeune barreau de Clermont, les suivait de loin, recueillait l'écho des procès politiques, épiait la reprise des discussions parlementaires, applaudissait aux efforts des Cinq, et saluait la rentrée de Thiers et de Berryer au Corps législatif. Dans chaque ville de France, il y avait quelques hommes attentifs à tout ce qui venait de Paris : ils étaient peu nombreux, la masse des électeurs demeurait très étrangère à leurs préoccupations, mais ils étaient éveillés et très actifs ; plaidoyers, harangues, articles de journaux, discours académiques, allusions de tous genres étaient reçus avec curiosité et colportés avec hâte. Dans leur empressement, il n'y avait rien de révolutionnaire, mais une volonté très ferme de rendre à la France l'exercice des libertés qu'elle avait connues et dont jouissaient en Europe les nations civilisées.

De cet état d'esprit devait sortir tout naturellement l'entente entre les partis : l'union libérale en fut l'expression. Sous le patronage de Berryer, de Thiers et de Marie, elle proclama la trêve entre les légitimistes, les orléanistes et les républicains et offrit des cadres aux recrues prêtes à s'enrôler ; en province, elle détermina sur plusieurs points d'heureuses initiatives. A Clermont, un journal fut fondé : ce fut Bardoux qui rédigea le programme. Aux idées qu'il exprima, sa vie entière devait demeurer fidèle. Il ne se dissimulait pas les obstacles : « les préjugés résultant du défaut d'éducation politique » et les mauvaises mœurs qu'avait créées « une longue tradition de servitude administrative ». Il voulait les vaincre en évitant avant tout de faire œuvre de coterie ou d'ambition personnelle, en poursuivant un but très élevé, « en faisant aimer la liberté qu'on ne connaît pas, et qui est le seul abri contre le désordre et l'anarchie ; » il mettait au premier rang la liberté politique et la liberté religieuse. Autour de ce programme s'était groupée une élite. A côté de Bardoux qui représentait les aspirations républicaines, on voyait des jeunes gens, écrivains ardents, penseurs généreux connaissant à fond l'histoire de notre pays, revenus de longs voyages, ayant étudié à l'étranger les lois et les mœurs; pour ne pas parler des survivants, nous ne citerons que le nom de Charles de Lacombe qui mettait au service de ses convictions monarchiques, une âme de libéral et de patriote; entre lui et Bardoux, entre ceux qui, à leur exemple, aimaient la France avec un plein désintéressement, se formaient des liens d'honneur et de loyauté que devaient respecter toutes les crises de la politique. Le succès du journal fut rapide. L'apparition de cet organe ferme et modéré propagea au loin le réveil de la province. Un incident allait appeler bien plus vivement l'attention publique sur l'*Indépendant du Centre.*

A l'heure où les gouvernements perdent la foi en eux-mêmes et cherchent en vain leur route, l'expédient le plus simple, le plus souvent employé, si on en juge par les incidents répétés de tout un siècle, c'est d'imaginer, pour sortir d'embarras, un vaste complot. A la fin de 1868, les parquets reçurent ordre de considérer la souscription en l'honneur du député Baudin non comme un acte d'opposition, mais comme une conspiration. L'*Indépendant du Centre*, qui avait publié une liste de souscription, fut poursuivi, et Bardoux chargé de le défendre.

Tout ce que Clermont contenait de libéraux, d'esprits jeunes et ardents, remplissait la salle d'audience, lorsque, le 21 novembre 1868, il se présentait à la barre. Depuis huit jours, les journaux de Paris étaient pleins des débats du tribunal de la Seine, où on avait vu éclore le nom, la veille inconnu, d'un jeune orateur qui avait déployé le talent d'un tribun, avec toutes ses hardiesses. Rien de semblable à Clermont; mais, là aussi, l'effet fut considérable. Ce qui blessait l'Empire, et ce qui faisait la gravité du débat, ce n'était pas seulement la condamnation du coup d'État, c'était le cortège d'adhésions qui entourait la défense. Punir les journalistes qui avaient ouvert des souscriptions, c'était condamner la lettre de Berryer, la dernière qu'il ait écrite; les lettres de

Dufaure et de Rémusat, celles de Duvergier de Hauranne et d'Odilon Barrot, d'Allou et d'Ernest Picard, du comte d'Haussonville et de Prévost-Paradol, de tout ce qui représentait alors en France le droit et la liberté. L'orateur était digne de la cause : une parole d'une rare netteté, une discussion serrée, une chaleur de conviction qui remuait l'auditoire, une élévation constante de la pensée sans emphase, firent une impression que rendit plus profonde l'acquittement prononcé sur-le-champ par le tribunal de Clermont. C'était un événement dont le retentissement fut général; il fut d'autant plus grand à Paris, qu'il venait d'un département où régnaient, depuis seize ans, sans conteste, les premiers confidents de la pensée impériale. L'appel aussitôt porté devant la Cour permit à Bardoux de présenter, quelques jours plus tard, une défense entièrement nouvelle, qui, si elle ne parvint pas, cette fois, à convaincre ses juges, confirma du moins, devant le public, son premier succès.

Désormais, la politique le disputait aux affaires; il n'y eut plus un procès de presse, à vingt lieues à la ronde, qui ne lui fût apporté. Il se sentait en pleine force, il était soutenu par ses amis, entouré de la sympathie de tous; il n'avait aucun lien avec un parti; il était décidé à aller vers la liberté, sans se demander qui la donnerait; et les événements lui prouvaient qu'il ne l'attendrait pas longtemps. S'il est vrai que l'espérance succédant à des années de tristesse est un des plus doux sentiments de l'âme humaine, on comprendra que cette période d'activité féconde soit demeurée dans ses souvenirs une des plus heureuses de sa vie; ses confrères le mettaient à la tête du barreau de Clermont; ils se sentaient fiers de lui, et leur accord contribuait à sa popularité croissante.

Avec l'année 1870, sonnait pour chacun l'heure des responsabilités. Bardoux était trop sincèrement libéral pour ne pas se réjouir du ministère Ollivier, et pour ne point ressentir profondément la déception du plébiscite. Il manifesta hautement sa désapprobation, ce qui n'empêcha pas les électeurs de Clermont de l'envoyer siéger le premier au Conseil municipal.

A la fin d'août, au milieu des douleurs et des colères que semait la nouvelle de nos désastres, au moment où les représentants de l'Empire sentaient le pouvoir vaciller, le préfet envoya chercher Bardoux, et le supplia de protéger les intérêts de la ville, en acceptant d'exercer les fonctions municipales. Il entrait à la mairie le 1er septembre.

Le désarroi était général. A Clermont, comme ailleurs, deux jours avant Sedan, tous les dépositaires de l'autorité avaient abdiqué. Pendant quatre mois, la municipalité dut suffire à tout, et avec quelle hâte! Organiser la garde nationale, l'équiper, la munir d'armes, créer le Comité de défense, c'étaient les premiers soins; mais, entre les séances du Conseil municipal en permanence, le maire avait à tenir tête aux plus graves difficultés. Le drame terrible qui se jouait à Paris et à Metz ne doit pas faire oublier les scènes qui se multipliaient sur de plus petits théâtres. Partout, l'émotion qui faisait battre les cœurs risquait de troubler la paix publique. Un jour, il fallait annoncer à la population la mobilisation de la garde nationale sédentaire; le lendemain, c'était l'assaut de la misère publique, avec le cortège des familles sans ressources, et la création de grands ateliers de travail. On se souvient encore, à Clermont, des harangues patriotiques du maire, saluant à la gare le départ des vaillants mobiles du Puy-de-Dôme, à peine encadrés de la veille, ouvriers, paysans, héros obscurs, qui devaient s'illustrer à Coulmiers. A l'heure même où partaient les jeunes gens d'Auvergne, arrivaient de longs convois de blessés; le maire créait des ambulances, félicitait les habitants qui s'offraient à les loger, et multipliait les efforts pour susciter les sacrifices. Dans cette effervescence populaire, il y eut des heures de péril. Des prisonniers allemands avaient été acheminés vers Clermont; ils avaient été reçus sans incidents. Le départ tout récent des mobiles, l'arrivée continuelle des blessés avaient excité la population; à la fin de septembre, on apprit la venue de trente officiers prussiens; une foule irritée se porta vers le collège, où ils étaient internés. Un instant, l'inquiétude fut vive. Le maire, à la tête d'une compagnie de gardes nationaux, arriva à temps pour les délivrer; il dut lutter pour les défendre, et il eut la joie de les ramener sains et saufs à l'Hôtel de Ville. Excitèr le patriotisme et contenir, en même temps, les passions; calmer les colères et soulever les âmes, telle était la double mission qu'il sut accomplir. Clermont vit plus d'une émotion populaire; mais, comme à Paris, elles aidèrent à grouper, autour de ceux qui défendaient l'ordre, la majorité des bons citoyens.

Grâce à l'énergie de ceux qui avaient pris en mains l'administration de la ville, on évita les écueils : les avances dangereuses du Comité de Salut public de Lyon furent repoussées; on ne cessa de se tourner vers le gouvernement qui représentait l'unité de la patrie.

Tout occupés de la guerre, ni la municipalité ni son chef ne se laissaient distraire un seul jour de la défense nationale; ils n'obéirent pas un instant à un parti, et surent, jusqu'à la fin de la lutte, demeurer fidèles à l'ordre et à la liberté..

Combien il est rare que la reconnaissance publique s'exprime par des témoignages immédiats! Le 8 février 1871, le Puy-de-Dôme envoyait Bardoux, en tête de liste, à l'Assemblée nationale, en lui donnant 81 000 voix, sur 90 000 votants. Le département tout entier, sans distinction d'arrondissement ou d'opinion, rendait hommage à celui qui avait uni les volontés, empêché les violences, maintenu la paix de la cité, et qui s'était montré, à travers la crise la plus cruelle, « un patriote résolu, sans faiblesse ni jactance »[1].

Quelle surprise aurait éprouvé les hommes qui arrivaient à Bordeaux, si on leur eût prédit, quelques années plus tôt, en 1865, alors que toutes les ambitions de leur jeunesse étaient tournées vers le succès électoral, que le jour où, élus députés à l'Assemblée nationale, ils siégeraient pour la première fois, serait le plus douloureux de leur vie ! Et, en fait, telle fut leur angoisse de patriotes que toute ambition, tout sentiment personnel disparut. Parmi ceux qui les ont vus de près, qui oserait parler de leur esprit de parti? Leur sincérité fut si profonde, qu'ils en arrivèrent, devant les maux de la patrie, à ajourner tout vote qui aurait rompu le faisceau. C'est ce qui demeurera devant l'histoire le trait incomparable de l'Assemblée de Bordeaux.

1. Délibération du Conseil municipal de Clermont du 1er février 1871.

Le député de Clermont comprit comme toute l'Assemblée la nécessité de se serrer autour de celui qui allait entreprendre de relever la France : il ne lui apportait pas seulement son adhésion, mais toute l'ardeur de son admiration. Il y a des blessures qui, reçues le même jour, sur le même champ de bataille, créent entre les hommes des liens que le temps ne brise pas. Ils en ont à tout jamais porté la cicatrice, ceux qui ont ressenti le choc de nos défaites. La cession de nos provinces lui faisait horreur. Il se donna tout entier à celui qui venait de négocier, au nom de la France vaincue, avec autant de douleur que de vaillance.

La forme de gouvernement satisfaisait ses convictions, sa raison. L'Empire avait fait de lui comme des libéraux de son âge des républicains ; les malheurs de la patrie, loin d'ébranler leurs résolutions, les avaient affermies. La Constitution de 1852, en proclamant l'universelle responsabilité du chef de l'État, l'avait condamné à être toujours heureux : à la mauvaise fortune ne pouvaient survivre ni le système de l'Empire, ni le prestige de la monarchie. La République, en établissant d'abord la trêve des partis, en triomphant ensuite de la plus criminelle insurrection qu'ait vue notre temps, venait de prouver qu'elle n'était incapable ni de calmer les esprits, ni de combattre les révolutionnaires en rétablissant l'ordre dans la cité. Ce qui était une préférence devint une conviction.

Les grandes secousses ne font pas naître les hommes; elles les font apparaître. Dans nos sociétés où toute l'activité se porte vers les intérêts privés, il existe des réserves de forces; elles pourraient être tournées vers l'intérêt général. Le malheur des gouvernements vieillis et des gouvernants égoïstes est qu'ils ignorent l'art de les réveiller et de les mettre en action. Il faut une révolution pour rendre tout d'un coup à la nation en péril ses forces perdues. Les électeurs de 1871 surent les découvrir. Ce fut l'honneur de l'Assemblée nationale de réunir un tel nombre d'hommes avant tout soucieux du bien public. Les contemporains qui, suivant le mot profond de Guizot, croient toujours les maux de leur temps incomparables, ne virent que l'impuissance d'hommes politiques ballottés entre les traditions d'une monarchie qu'ils s'épuisaient à ressusciter et le flot montant de cette démocratie dont Tocqueville avait prédit le caractère irrésistible. Absorbés par ce drame, les historiens qui, les premiers, ont recueilli les échos de Versailles se sont plu à tracer un tableau où ils ont entassé les chimères et les déceptions. Ils n'ont étudié ni l'œuvre législative, ni ces travaux préparatoires qui contiennent tout ce qu'avaient rêvé des hommes d'élite dans un absolu désintéressement. Bardoux était bien fait pour les comprendre. Il avait une ambition très haute : il voulait réaliser une série de réformes. En le suivant pendant cinq années, en lisant ses rapports, en l'écoutant à la tribune, on ne surprend pas une idée, pas un mot qui ne représente l'état d'esprit de toute une génération de patriotes et de libéraux, éprise d'idéal et passionnée pour toutes les causes généreuses.

Dès les premiers débats grandit l'influence du nouveau député. Combien d'avocats, entourés d'une auréole locale, sont arrivés dans nos Chambres pour voir décliner et pâlir leur renommée surfaite! Bardoux parla rarement, toujours à propos; il prit rang parmi les rapporteurs les plus laborieux. Dans cette intelligence qui semblait faite d'ardeur et d'élan, rien de superficiel ni de hâtif. Tout était appuyé sur un travail si consciencieux, que peu à peu, on s'habitua à accueillir sa parole avec cette estime qui assure ce qu'il y a de plus rare et de plus précieux dans les réunions d'hommes : l'autorité.

La réforme électorale l'attira tout d'abord : ce fut son début. Non qu'il pensât à porter la main sur le suffrage universel qu'aucun parti dans l'Assemblée, ni dans le pays ne songeait à restreindre, mais parce qu'il voulait créer des garanties contre la corruption, la violence, en un mot les abus de toutes sortes qui avaient vicié les élections sous la pression préfectorale : agents du pouvoir au service d'une candidature officielle, électeurs paralysés par les faveurs du ministère, scrutins altérés ou bulletins détournés, voilà des faits que, sans attendre la fin de la législature, Bardoux croyait urgent de punir. Dans leur confiance des premiers jours, ses amis et lui pensaient que ces mauvaises mœurs, inhérentes au régime déchu, disparaîtraient avec lui, qu'il suffirait de les signaler pour qu'une bonne loi en eût facilement raison. Ils auraient été bien surpris s'ils avaient pu prévoir que trente-six ans plus tard, la loi des élections serait toujours en projet. Ils n'avaient pas encore appris que la confection d'une législation électorale répugne aux élus du peuple : c'est un testament. Une assemblée comme un homme y voit un signe de mort.

Elle préfère ceux qui lui parlent de force, d'espérance et de vie. Ce langage convenait particulièrement à Bardoux. Il était convaincu qu'il n'y avait que « deux politiques : renoncer au suffrage universel, ce que personne ne proposait, ou bien l'éclairer à force de science, de lumière et d'éducation » (4 juillet 1871). Il répétait qu'on avait assez parlé aux citoyens de leurs droits, qu'il était temps de leur enseigner leurs devoirs (15 juillet 1871). Membre de la Commission du budget, rapporteur pendant trois sessions de l'Instruction publique, il exprimait le sentiment de la Chambre entière en réclamant la diffusion de l'enseignement à tous les degrés et résumait sa pensée en disant : « Toutes les fois qu'il y aura quelque chose d'humain à faire, quelque chose qui pourra élever les cœurs dans ce pays, toutes les fois qu'il y aura une âme à éclairer, à instruire, nous sommes prêts à tous les sacrifices (13 décembre 1873). »

Il tint parole lorsque vint la grande discussion sur la liberté de l'enseignement supérieur, qui mit aux prises les deux partis qui divisaient la Chambre. Bardoux n'hésita pas. Les orateurs venaient d'exciter les passions, lorsqu'il monta à la tribune : « Au milieu, dit-il, de toutes les crises sociales, politiques et religieuses qui, depuis la fin du siècle dernier, menacent la société française, il n'y a qu'une solution, c'est la solution libérale. Nous n'avons qu'un but, c'est la grandeur morale et intellectuelle de notre pays. Ce but, personne ne l'a désigné à nos efforts en termes plus éloquents que M. Guizot : « Il faut bien se garder d'al-« térer ce caractère d'unité puissante qui se « retrouve dans toute notre histoire et qui a « présidé à la constitution de notre nation. « En ce qui touche à l'Enseignement supé-« rieur, il faut soumettre notre vieille Uni-« versité à une concurrence libre, sérieuse, « variée. » Concilier la liberté qu'on vous demande avec l'esprit d'unité de la civilisation française, tel est le problème à résoudre.

Vos prédécesseurs l'ont déjà résolu, sauf des améliorations à introduire, pour l'instruction primaire et secondaire. Le problème est posé aujourd'hui pour l'instruction supérieure, vous ne pouvez pas l'écarter... Le droit d'enseigner n'est pas de son essence propre à l'État; ce droit est une manifestation de la liberté de conscience. L'État moderne, en fait d'enseignement, n'est pas souverain; il ne doit être qu'un protecteur et un guide. » Mais il refusait aux Universités libres le droit d'ouvrir, au gré de leurs diplômes, les fonctions publiques, maintenant à l'État, comme un droit essentiel, la collation des grades. Il prenait dès lors position, ne se faisant l'esclave d'aucun parti, mais ne perdant pas une occasion de proclamer que « dans la grande lutte politique qui se poursuit sous des formes diverses, la victoire définitive sera toujours à ceux qui, dans toutes les circonstances, malgré des défiances passagères, auront porté haut le drapeau de la liberté » (5 décembre 1874).

De tous les sophismes de nos jours qui compromettent la liberté, il n'en est pas de plus dangereux que le prétendu droit pour une assemblée de tout faire. Sous la République comme sous la Monarchie, l'ambition d'une Chambre est de se proclamer souveraine. Bardoux croyait fermement qu'il y avait des principes immuables qui s'imposaient à tout gouvernement; il disait bien haut qu'il n'était pas de l'école de Jean-Jacques, mais un disciple de Montesquieu; il voulait des pouvoirs limités et en juste équilibre. L'omnipotence des élus du pays, c'était la doctrine jacobine. Dès 1872, il le dit à l'Assemblée : « Oui, Messieurs, vous êtes souverains, mais vous n'avez pas le droit de tout faire. Non, vous ne pouvez pas violer certaines lois, malgré votre souveraineté. Non, vous ne le pouvez pas : autrement, vous ne seriez pas une assemblée libérale (30 avril 1872) ». Il pressentait ainsi le problème qui s'impose aux politiques : la recherche des garanties qui peuvent mettre un petit nombre de principes essentiels au-dessus des volontés changeantes des majorités. Ni lui, ni ses collègues — et ce fut la faute de l'Assemblée nationale — n'osèrent aller jusqu'à l'application résolue des réformes qu'ils entrevoyaient. Au lieu de s'inspirer franchement de la Constitution des États-Unis, au lieu de proclamer une loi fondamentale contenant les droits primordiaux, mettant la liberté individuelle, la liberté des cultes, la liberté électorale, sous la protection du pouvoir judiciaire, l'Assemblée se contenta d'une loi réglant les rapports des pouvoirs publics; elle aurait pu inscrire dans la Constitution française une loi de garantie qui aurait à jamais mis des bornes à la raison d'État, à ces expédients que des politiques cyniques essayent de ressusciter en osant invoquer, sous la République, le « fait du prince ». Elle ne fit pas cette grande réforme : elle en laissa, il faut l'espérer, l'honneur au xxe siècle.

En revanche, elle eut la sagesse, étant une

assemblée unique, de vouloir partager le pouvoir législatif en deux Chambres. La discussion fut vive, Bardoux y prit une grande part. Le projet présenté par Thiers et Dufaure faisait élire au scrutin de liste, par le suffrage universel, les sénateurs pris dans des listes d'éligibilité qui assuraient toutes les compétences. Écarté par la Commission des Trente, il fut repris par Bardoux qui s'en porta le champion : il en fit passer toutes les dispositions. Un retour d'opinion donna au Sénat une autre forme, mais la victoire n'était plus douteuse. Une Chambre haute maintiendrait les rouages constitutionnels en équilibre, empêchant les majorités de céder à leur imagination et d'adopter soudainement des lois exécutoires quelques heures après le vote.

Les débats parlementaires ne furent pas la seule formation de son esprit. Retrouvant d'anciennes amitiés, en contractant de nouvelles avec les plus éminents des collègues de son âge comme Léon Say, avec de jeunes et brillants esprits comme Ernest Duvergier de Hauranè, il avait appris à connaître les hommes. Il avait vécu dans la mêlée; il était passé au milieu des haines aussi incapable de les attirer que de les concevoir, vivant auprès des petitesses sans s'abaisser à leur niveau, et parmi les colères sans s'aigrir. De bonne heure, ceux qui, vieillis dans la politique, regardaient de tous côtés pour découvrir des hommes jeunes, à qui souriait l'avenir, avaient jeté les yeux sur lui. Thiers l'avait distingué; il aimait à l'avoir pour auditeur dans le cercle où il se plaisait à essayer l'effet de ses discours. Bardoux y était venu à Versailles, puis à l'Élysée. Il y vint surtout depuis la retraite, jouissant de ne pas être confondu avec les courtisans du pouvoir, retrouvant l'ancien président dans sa maison jadis détruite par la Commune, puis rebâtie par l'Assemblée nationale; il rencontrait, autour de l'homme d'État qu'accompagnait la reconnaissance publique, l'élite des intelligences : historiens et philosophes, politiques et jurisconsultes, diplomates et savants. A l'heure où les passions de partis dénonçaient dans les journaux les intrigues qui, disait-on, l'absorbaient, Thiers se plaisait à confondre les calomniateurs en montrant la liberté de son esprit et en charmant les hommes de science par l'éveil de son universelle curiosité. Bardoux l'écoutait avec respect; il voyait autour de lui, dans la plus étroite intimité, Mignet, Rémusat et Barthélemy Saint-Hilaire; il y rencontrait aussi Dufaure et Renouard. Il se sentait attiré, avec toute l'ardeur de son âge mûr, vers ces grands vieillards qui consacraient la fin de leur vie à relever leur patrie vaincue. Il les avait admirés à la tribune, était heureux de s'approcher d'eux, savait les écouter et jouissait de les retrouver dans ce salon ouvert chaque soir, où devait s'accumuler, avec plusieurs générations de l'intelligence française, des souvenirs qui font de l'hôtel de la place Saint-Georges désormais confié, comme un dépôt, à la fidélité de l'Institut, une demeure historique.

Les nuages qui s'étaient amoncelés sur l'Assemblée Nationale semblaient se dissiper : on approchait du dénouement. Les principes étaient posés ; la République votée ; il s'agissait d'achever les lois constitutionnelles. Dans le Cabinet reconstitué, entraient, sous la présidence de M. Buffet, M. Dufaure et M. Léon Say. Le lendemain, Bardoux devenait sous-secrétaire d'État à la Justice. Il allait passer l'année 1875 à côté d'un maître auquel il devait vouer à jamais sa vénération. Nos pères ont connu au XIXe siècle de grands serviteurs du pays qui, sous les régimes les plus différents, ont fait honneur à la France. Jamais elle n'a eu un homme d'État plus digne d'être Garde des Sceaux. Dufaure représentait ce que pouvait être, dans le passé de notre pays ou chez d'autres nations, ce chancelier, chef de la Justice, juge des juges, ayant le perpétuel souci de son immense responsabilité, le sentiment très élevé de sa mission et l'exerçant de toute la hauteur de sa conscience. Bardoux n'avait pas perdu de vue ses études sur les grands bourgeois qui avaient fait notre histoire : il était émerveillé de voir, non plus dans les manuscrits, ni dans les livres, mais en pleine réalité de la vie, cette figure digne d'appartenir à la race de nos vieux parlementaires d'autrefois, vigoureuse, austère et lettrée; lui qui avait le besoin d'admirer était fier de vivre auprès du Garde des Sceaux. Dufaure estimait les qualités d'esprit et de caractère de son collaborateur; il le trouvait souple envers les personnes et, par un contraste assez rare, inébranlable sur les idées; ayant le mépris des complaisants, il était heureux de sentir devant lui une conviction arrêtée : les dissentiments ne diminuaient pas son estime. Aussi lorsqu'en novembre 1875, le ministère ayant opté pour le scrutin d'arrondissement, son sous-secrétaire d'État, partisan du scrutin de liste, crut devoir se démettre, Dufaure l'accompagna dans sa retraite d'une affection dont il ne devait pas tarder à lui donner de nouveaux témoignages.

Élu président du centre gauche le lendemain de sa démission, Bardoux, en revenant s'asseoir à son banc de député, trouvait autour de lui les sympathies les plus vives. On avait compris qu'il était de ceux qui mettent leurs convictions au-dessus de leur fortune. L'Assemblée nationale allait se séparer : une campagne électorale se préparait contre lui dans le Puy-de-Dôme; l'opposition prit pour champion M. Rouher. Bardoux l'emporta et le retentissement de la lutte donna à la rentrée du député de Clermont à la Chambre tout le prestige d'une victoire.

Il ne revint à Versailles ni excité, ni aigri. Il était trop impatient de réformes utiles pour se plaire aux batailles ; voyant avec chagrin s'envenimer les querelles de parti, il épanchait ses inquiétudes dans ses entretiens, dans sa correspondance. Lors de la rupture entre les conservateurs et les républicains, ses lettres nous révèlent la profondeur sinistre de ses prévisions : « Quelle situation, écrivait-il ! Vaincus, c'est l'Empire. Victorieux, c'est le jacobinisme ». Mais tout en avertissant ses amis, il leur demeurait fidèle et ne cessait ni d'étudier nos maux, ni de chercher les remèdes. Aux heures d'alarmes qui marquèrent la fin de l'année 1877, alors que les esprits étaient hantés par le spectre du coup d'État, il présenta seul une proposition de loi destinée à régler la mise en état de siège, afin de ne pas permettre que cette mesure fût livrée aux caprices du pouvoir exécutif. Au milieu du désarroi, il avait su conserver son sang-froid.

Aussi était-il appelé, le 14 décembre 1877, par M. Dufaure, à faire partie, comme ministre de l'Instruction publique et des Cultes, du cabinet qui devait rétablir l'harmonie entre les pouvoirs publics. De toutes les années qui virent la fondation de la République, les quatorze mois de ce ministère furent les plus paisibles. Ce fut comme une éclaircie brillante de soleil, entre deux journées d'orage. Aux esprits las de la lutte, l'Exposition universelle offrait une occasion de désarmer : on était fier de montrer aux étrangers la paix intérieure et la renaissance de la prospérité publique; jusqu'aux manifestations nationales auxquelles présidait le gouvernement, rien ne se ressentait du triomphe d'un parti.

L'Université était heureuse de se sentir sous la direction du nouveau ministre. Elle le connaissait et savait qu'elle pouvait attendre de lui justice et apaisement. Son premier acte fut de déclarer que « le maître et l'école devaient rester en dehors des agitations de la politique », d'ordonner contre des révocations arbitraires des mesures de réparation et de déposer un projet de loi modifiant le mode de révocation des instituteurs primaires. Très soucieux de connaître exactement les faits avant d'agir, il fit commencer par les trois ordres de l'enseignement une enquête précise sur les établissements et les professeurs, sur leur situation matérielle et morale, enquête d'où sortirent trois rapports qui ne sont pas seulement des modèles de statistique, mais qui furent le point de départ de projets considérables. Il voulait relever la situation des maitres, accroître leur traitement, leur assurer plus d'indépendance et les entourer de respect. Il entendait rendre à l'État la collation des grades, mais il était résolu à ne pas toucher à la liberté d'enseignement qu'il tenait pour le complément de la liberté de conscience; il avait imaginé, pour faire cesser les conflits, la création de deux conseils supérieurs, l'un destiné à l'Université, l'autre à l'enseignement libre, se mouvant l'un et l'autre, sans heurt possible, dans une sphère différente. Il déposait enfin un projet de loi organisant l'obligation de l'instruction primaire et dépouillant cette mesure de tout ce qui pouvait en faire un instrument de lutte. L'éducation était, selon lui, une œuvre d'amour et non de haine. Il répétait que l'Université devait être, à tous les degrés, une école de patriotisme. Il ne perdait pas une occasion de le proclamer à la tribune, de le dire aux professeurs partout où il élevait la voix, en posant la première pierre d'un collège, en inaugurant un lycée. « L'école, disait-il, doit avant tout faire aimer le pays, faire connaître ses malheurs comme les causes de sa prospérité, donner la confiance en ses destinées », et, dans la plus solennelle des cérémonies que présidait le Grand Maître de l'Université, au concours général, où le Ministre se plaisait jadis à exposer son programme, il résumait sa pensée en disant aux maîtres et aux élèves : « L'enseignement de l'Université est la tradition de la patrie vivante. »

Il voulait que son passage au ministère servît à fonder des œuvres durables. La création du Musée pédagogique, la Caisse des Écoles et celle des Lycées, le projet d'agrandissement de la Sorbonne, la reconstruction de la Faculté de médecine, la protection des monuments historiques assurée par une législation nouvelle, marquent l'impulsion qu'il avait à cœur de donner à tout ce qui pouvait favoriser les arts et la science.

Le pouvoir ministériel n'a de prix pour les âmes élevées que s'il sert à créer, à agir et à réparer les injustices de la vie. Jamais Bardoux ne se sentit plus heureux que le jour où, apprenant que le poète des *Iambes* refusait la Légion d'honneur, il gravit les marches de son petit logis pour apporter la croix à Auguste Barbier, vaincre ses scrupules et lui apprendre qu'il n'était ni oublié, ni méconnu. Il s'honorait en faisant décorer, dès son arrivée au ministère, Sully Prudhomme et peu après André Theuriet, en recherchant la nièce de Lamartine pour lui donner une pension. Rien ne le blessait davantage que les haines potitiques : elles étaient si vives qu'on tint pour un acte de courage l'hommage qu'en pleine Sorbonne, il rendit à Victor Duruy. Envers ceux qui avaient bien servi la France, il se tenait pour l'organe officiel et respectueux de la reconnaissance publique.

Ministre des Cultes, il appliqua les principes qu'il avait toujours soutenus. En face de l'extrême gauche réclamant l'abolition du budget des Cultes, il n'avait pas hésité à défendre le Concordat; il le voulait loyalement appliqué, avec un respect mutuel des deux pouvoirs; il était persuadé que ce régime était plus favorable à la liberté de conscience que toutes les expériences de solutions conçues par la haine et livrées aux hasards des passions. Les relations avec le Saint-Siège ne lui semblaient pas indignes d'une République; il aurait eu la patience de négocier au milieu des difficultés diplomatiques, même avec Rome. Il eut la joie d'assister à un apaisement et de voir naître une ère de concorde et d'entente qui, sous un grand pontificat, devait, à force de sagesse et d'esprit politique, retarder de vingt-quatre ans l'explosion en notre pays des colères antireligieuses.

Pendant tout son ministère, il tint tête à la fois aux partis extrêmes de droite et de gauche. Ce fut le caractère de sa vie publique tout entière. Quand il revint, en 1879, à son banc de député, il assista au développement d'une politique nouvelle. On s'était avisé que le seul lien qui pût assurer l'union de toutes les gauches était la lutte contre le cléricalisme : elle devint le cri de guerre d'une coalition dont il ne devait pas voir le terme.

Dès le premier jour, il comprit que cette campagne se poursuivrait aux dépens de la liberté.

Il n'eut pas un instant d'hésitation. Il accomplit l'acte qui coûte le plus à un homme politique : il se sépara d'amis qui lui étaient très chers et combattit l'article 7 qui refusait aux congréganistes le droit d'enseigner. « Nous sommes de ceux, disait-il, qui pensent que l'on peut être le respectueux et énergique défenseur de l'Université sans redouter pour elle la concurrence. Nous sommes de ceux qui croient qu'on peut être fidèle aux traditions glorieuses de nos pères, sans remonter en arrière et sans avoir besoin de recourir à des exemples, à des principes qui, à nos yeux, ne sont plus de notre temps [1] ». Il était blessé dans ses convictions, froissé dans son orgueil de libéral, en retrouvant, dans la bouche des ministres de la République, les théories de ceux qui, sous l'ancien régime, avaient applaudi aux violences des guerres de religion, aux persécutions contre Port-Royal ou à la révocation de l'Édit de Nantes.

Ce qui dominait son esprit, c'était la volonté de défendre, avant tout, la liberté de la pensée. De ses études d'histoire, il avait rapporté une répugnance profonde pour tout ce qui ressemblait aux guerres religieuses. De ses études philosophiques, il avait appris ce qu'est le respect de la conscience. Il n'admettait pas que l'État eût une doctrine et voulût l'imposer, en la substituant de force

1. Discours du 30 juin 1879.

à la doctrine contraire. Il voyait clairement qu'il s'agissait d'exclure Dieu de l'école. « Nous ne demandons qu'une chose, disait-il, mais nous le demandons impérieusement ; nous voulons nettement que, dans le programme de l'enseignement primaire, la morale soit basée sur Dieu et sur la vie future. » C'était l'heure où Jules Simon disait : « Vous voulez l'école neutre et, malgré vous, vous fondez l'école athée ; vous préparez une jeunesse démoralisée. » Bardoux entrevoyait une succession de luttes qui troubleraient les âmes pendant plusieurs générations, altéreraient l'esprit de la jeunesse, mettraient le pays en feu et en péril l'ordre public, en supprimant cette partie idéale de l'instruction populaire qui prépare le jeune homme à comprendre l'idée de devoir, qu'elle s'applique à la famille, à la République ou à la patrie.

Il ne se découragea pas. Ses déceptions ne se tournèrent ni en aigreur, ni en faiblesse. C'est en libéral, uniquement préoccupé d'épargner à son pays les maux de la guerre antireligieuse, qu'il intervint sans se lasser dans les discussions scolaires, convaincu qu'il était possible de développer à tous les degrés l'instruction publique sans l'asseoir sur des ruines.

Bardoux trouva devant lui les mêmes adversaires lorsque le gouvernement voulut, sous prétexte de réformes, porter la main sur le pouvoir judiciaire.

La majorité passait outre, compromettant tour à tour l'école et la magistrature, en prétendant les sauver. Bardoux cherchait les causes de cette mauvaise politique ; dans son indulgence pour les hommes, il préférait accuser les lois : l'étroitesse des esprits lui paraissaient favorisée par le scrutin d'arrondissement. Il n'hésita pas à proposer le rétablissement du scrutin de liste ; il soutint que « le meilleur instrument pour élire une Chambre était une loi électorale développant l'horizon des électeurs et des élus », se refusant « à la vulgarité et à la vénalité, ces deux vices de la démocratie ».

Il voyait grossir, comme une marée montante qui menaçait de submerger les élus du peuple, l'abus des recommandations, les exigences des clientèles électorales. A ses yeux, il n'était que temps d'arrêter un mal qui allait grandissant : l'ingérence continue du député dans l'administration entraînant « le relâchement de tous les ressorts gouvernementaux ».

Cette campagne inspirée par la perspicacité politique devait avoir des conséquences bien diverses : couronnée de succès à la Chambre, désapprouvée par le gouvernement et par le Sénat, qui laissèrent tomber le projet, elle se poursuivit dans le pays et l'auteur de la proposition, victime de sa franchise, fut battu par le scrutin d'arrondissement. Élu trois fois depuis 1871, il serait demeuré député de Clermont, s'il avait eu l'habileté de garder le silence et s'il s'était mis au service des intérêts étroits; il avait préféré parler et agir pour le pays, combattre pour ce qu'il croyait la vérité. Il était allé aux élections avec une patriotique imprudence, chargé du poids de toutes ses sincérités : il devait succomber.

Il n'est pas de pays libres où les hommes publics ne soient sujets à de tels accidents. Mais, si ce sont des chefs, il faut que ces blessés, tombés sur le champ de bataille, soient promptement relevés. L'intérêt public l'exige; les institutions doivent être prêtes à abréger leur exil. En Angleterre, les Universités les envoient à la Chambre des communes, la Couronne leur ouvre la Chambre des lords. En France, le Sénat avait la puissance de ressusciter les vaincus du suffrage populaire, en les appelant dans son sein : c'était une de ces mesures de salut à l'aide desquelles une Constitution prévoyante ménage aux pouvoirs publics des réserves de force. La République était assurée d'une élite qui aurait pu, si on avait eu le courage de résister aux jalousies égalitaires, la préserver des écueils de l'inexpérience ou de la médiocrité. Seize mois après la défaite de

Clermont, le Sénat nommait Bardoux sénateur inamovible.

Dans l'atmosphère sereine du Luxembourg, toutes ses qualités devaient se développer. Il était en pleine possession de son talent. Sa parole vive, alerte et colorée avait acquis l'autorité que donnent à un orateur dix années d'une vie politique au cours de laquelle ses adversaires ne pouvaient relever une concession à la popularité, ni une faiblesse; fidèle à ses convictions comme à ses amis, les causes qu'il avait servies le trouvaient toujours prêt, debout pour les défendre. Ses discours était précis, généralement brefs, visant un seul point, mais frappant juste et retenant l'attention; il élevait le ton des débats et les maintenait à une hauteur dont ses collègues lui savaient gré. Il avait surtout l'art de combattre fortement ses adversaires sans les blesser jamais.

Nul de vous n'a oublié l'analyse psychologique qu'a consacrée à son prédécesseur notre confrère Boutmy. Que pourrions-nous ajouter à ce portrait si vivant, où vous avez retrouvé l'homme avec son charme et son esprit? Ici, c'est l'orateur politique que nous nous attachons à peindre.

Très versé dans l'histoire parlementaire, connaissant à merveille le drame de la Révolution, aussi fidèle aux inspirations de 1789 que sévère pour les fautes et les crimes révolutionnaires, il avait toujours à son service les plus heureuses évocations de jugements et de faits pour combattre l'esprit despotique ou jacobin. Il avait reconnu dans le tempérament français la trace d'un atavisme autoritaire qui lui inspirait les plus vives inquiétudes. En relisant l'ensemble de ses discours, on saisit sur le vif les problèmes qui l'obsèdent. Comment relever le niveau intellectuel et moral des électeurs? Dans une démocratie maîtresse de ses destinées, toute la politique en dépend. Il avait longtemps cru que, comme la vie au grand air assainit le corps humain et assouplit les organes, l'action de la liberté suffirait à donner au corps électoral un renouveau de forces vives. Il était frappé du contraste persistant que présentaient les vertus privées des Francais et la médiocrité de leurs mœurs publiques. Il voyait avec effroi qu'entre l'élu et l'électeur, s'accomplissait peu à peu un travail de corruption mutuelle : l'électeur devenant un perpétuel quémandeur et l'élu perdant de vue tous ses devoirs de député, négligeant l'intérêt général pour se faire le serviteur de toutes les sollicitations locales. Si on voulait sauver les institutions libres, il n'y avait pas une heure à perdre : il fallait faire des citoyens et on s'appliquait à multiplier les clients. Le scrutin d'arrondissement aggravait, selon lui, tous ces vices; il se sentait porté de plus en plus vers le scrutin de liste qu'il contribua, après de longs efforts, à faire prévaloir.

Mais comment refaire les mœurs publiques? Comment donner au peuple le sens de la justice et de la liberté? Avec tous les grands ministres de l'Instruction publique, avec Guizot, avec Duruy, il croyait fermement à l'efficacité de l'Instruction primaire, mais, suivant un mot profond[1], il estimait qu'elle n'était salutaire que si, à un certain âge, entre l'enfance et l'adolescence, elle se tournait en éducation. Il suivait avec une attention anxieuse l'action des lois nouvelles ; il voulait espérer qu'elles échapperaient aux périls qu'il avait signalés. Un jour vint où il ne pût résister au devoir de tout dire ; il était las de son silence. Il avait vu les incidents se multiplier, les actes de pression qu'il avait pressentis se produire. Il sentait qu'en introduisant la politique dans l'enseignement, on avait trouvé le moyen le plus sûr de troubler le pays jusque dans ses entrailles. Il demanda qu'on enlevât aux préfets, pour la confier aux recteurs, la nomination des instituteurs : « Vous en faites, dit-il, des agents électoraux. Vous les transformez en politiciens de villages. Précisément

1. M. Guizot.

parce que vous avez proclamé la neutralité, il faut sauvegarder l'école de la politique »[1]. Il ne parvint pas à obtenir cette réforme.

Il avait bien vu qu'il s'agissait, non d'une loi de paix, mais de toute une législation de combat; il était épouvanté de la laïcisation des 16 000 écoles de filles et voulait que le conseil municipal fut maître d'en décider. « Ce n'est pas une question scolaire qui se débat, disait-il. Il s'agit de savoir comment la République se conduira vis-à-vis de la société religieuse ». Or « toutes les dispositions de la loi sont inspirées par un seul et même esprit. Nous avons cru que les deux grands principes apportés par la Révolution française, d'une part la liberté de conscience, d'autre part l'incompétence absolue de l'État en matière de dogmes et d'opinions philosophiques, étaient suffisamment sauvegardés, sans recourir à des mesures d'exception. Cette politique arrive à couper la France en

1. Discours au Sénat du 15 février 1886.

deux. Il nous a toujours semblé que, dans ce pays de tolérance et d'esprit, où l'esprit, quand il est de bon aloi, n'est que l'étincelle même de la raison et du bon sens, il y avait place pour toutes les croyances religieuses, à côté des opinions politiques »[1] : et il protestait contre l'apparition dans les écoles primaires de ce qu'il nommait « un enseignement confessionnel laïque ».

En refusant d'écouter l'avis des conseils municipaux, c'est-à-dire l'expression de l'opinion publique, le gouvernement rompait avec toute la tradition libérale, et inaugurait la politique qui, déniant aux minorités un droit, investit les majorités de l'omnipotence. Bardoux dénonçait ces tendances : « Vous ne pouvez pas, disait-il, invoquer vis-à-vis des âmes et des croyances religieuses, cette théorie absolue — je ne veux pas dire jacobine — qui veut que tout le monde s'incline quand la loi a parlé... Vous voulez l'absolu

1. Discours du 7 février 1886.

et moi je vous dis : « Vous ne pouvez pas dans une loi pareille faire de l'absolu »[1].

Du droit souverain de l'État, ayant la toute-puissance, écrasant les faibles, découlaient une série de sophismes que Bardoux ne laissa pas passer sans les combattre : ce fut son honneur. Il savait bien qu'il ne l'emporterait pas, mais il voulait dégager sa conscience. Lorsqu'on assimila les membres des familles ayant régné en France à des étrangers nomades qu'un décret du pouvoir exécutif peut chasser, lorsqu'on frappa d'exil l'aîné de leur race, il se leva pour proclamer bien haut que c'étaient là des actes aussi injustes qu'impolitiques. Vous voulez, dit-il, supprimer une opinion. « On n'en finit pas avec les minorités. Il faut qu'on les tolère; on ne le fait qu'en gouvernant bien. Le gouvernement répond : sur cette question, on fera l'union du parti républicain. — L'union, avec qui? avec les exagérés, avec

1. Discours du 7 février 1886.

les violents? mais c'est la négation de toute politique, c'est la négation de tout programme. L'union! je pourrais dire que le parti républicain en meurt, parce qu'il n'a jamais pu créer deux écoles distinctes, deux grands partis se succédant au pouvoir. »

Qu'on présentât une loi pour réprimer les attentats, il était prêt à la voter, mais qu'on fît une loi contre les personnes, il ne pouvait l'admettre; son sens du droit se révoltait contre une atteinte à ce qu'il y a de plus sacré : la liberté individuelle. « Toutes les fois, disait-il, que sous prétexte d'intérêt d'État, vous mettez en échec la liberté, vous ne faites pas acte de justice; vous violez la loi de séparation des pouvoirs... Vous oubliez que les garanties de la liberté individuelle doivent être pour la démocratie française la base de toute éducation politique »[1].

Ayant le respect des principes et l'horreur des expédients, il voulait fonder la Répu-

1. Discours des 12 février 1883 et 21 juin 1886.

blique sur l'idée de justice. Il ne la concevait pas sans une magistrature indépendante. Suivant lui, en brisant l'inamovibilité, on commettait une faute irréparable. De grandes voix s'élevèrent pour protester. Parmi ceux qui se sont honorés dans ce combat, il y a ici des survivants. Ils peuvent attester ce que fut ce jour-là notre éloquent confrère. Il était partisan d'une réforme judiciaire, mais repoussait une politique de rancune, de haine et de bataille. « Vous pouviez, disait-il, faire une réforme que tout le monde souhaite, sans blesser un principe tutélaire nécessaire aux justiciables. Vous ne l'avez pas fait. Vous préférez rechercher, dans l'histoire, des faits que nous ne pouvons louer. Vous édifiez une loi en prenant pour base les fautes que vous nous avez appris les premiers à ne pas imiter... S'il y a pour le gouvernement un devoir, lorsqu'une démocratie est forte, lorsqu'elle est impatiente, lorsqu'elle possède un personnel avide de places, plein de convoitises, c'est de créer, avant tout, l'indépendance judiciaire, seul contrepoids à la raison d'État ». Il démontrait que l'inamovibilité suspendue pendant un an, c'était la justice elle-même suspendue pendant un an. La force de la vérité s'exprimant par sa bouche et par celle de ses amis ne pût empêcher « l'épuration » des corps judiciaires.

Dans notre histoire parlementaire, ces luttes marquèrent une date. Elles groupèrent dans les rangs du parti républicain des hommes de talent et de caractère. Quel n'eût pas été le succès de leur politique s'ils avaient emprunté aux mœurs démocratiques l'art de parler directement aux foules, s'ils avaient su persuader au pays que, voulant fortement des réformes pratiques, eux seuls sauraient les faire aboutir et les donner au peuple? Dans le sein des Chambres qu'ils préféraient, hélas! à la place publique, leur éloquence était à la hauteur de leur courage. Ils n'obéissaient qu'à leur conscience et à cette conviction que la paix intérieure serait pour longtemps troublée, l'honneur de la République atteint et les destinées du gouvernement qu'ils avaient eu l'ambition de fonder compromises, si on méconnaissait les principes de justice et de liberté. Ils ne sont pas demeurés aux affaires; leur vie ministérielle a été courte; d'autres, entourés de flatteurs et de courtisans, ont fait plus de bruit dans le monde; mais le mérite de cette phalange est d'avoir tout fait pour épargner aux pouvoirs publics un ensemble de fautes qu'ils signalèrent avec une précision inconnue des hommes de leur temps.

La politique telle que la pratiquent nos contemporains a ouvert parmi nous une école de scepticisme. Pour en combattre les effets, Bardoux était persuadé qu'il n'y avait d'efficace que l'étude de l'histoire. A force de vivre avec les hommes des générations qui l'avaient précédé, son esprit encore jeune avait un siècle d'expérience. Aux débats de nos assemblées, il avait joint l'étude des hommes, de leurs caractères et de leur influence. Dans les notes qu'il accumulait pour lui-même, on le voit chercher à reconstituer les traits des sociétés disparues. Ainsi se préparait de longue main, par une suite de patientes lectures, l'étude qu'il avait conçue tout jeune sur la Bourgeoisie française.

Il la prend à son avènement en 1789, montre ses aspirations et ses fautes, la retrouve en 1815, la suit pas à pas et arrive au règne de Louis-Philippe, où la bourgeoisie, qui s'est montrée capable de fonder son gouvernement, se montre incapable de le soutenir. Bardoux, entraîné par l'intérêt du drame, nous fait partager ses émotions; nous éprouvons avec lui les espoirs et les déceptions dont nos pères ont souffert. De 1815 à 1848, le résumé est saisissant. Mais pourquoi s'arrête-t-il à cette date? La Bourgeoisie n'était pas une caste fermée que le suffrage universel a détruite en venant au monde. Quoiqu'on en dise, elle est un être vivant, dont l'histoire n'est pas terminée. Elle a un rôle à jouer, rôle considérable et décisif dans l'éducation de la démocratie. C'est à elle à servir de trait d'union; elle est sortie de la foule, elle doit, par son exemple, montrer comment le travail ennoblit et élève; perpétuellement recrutée dans le peuple, elle doit lui tendre la main, l'apaiser, soulager ses maux, faciliter son existence, multiplier tous les efforts pour l'affranchir des préjugés, combattre le premier et le plus fatal de tous, en prouvant par ses actes qu'elle n'est pas égoïste, proclamer enfin sa mission se résumant en un mot qui dit tout : le devoir social. Mais comment faire entendre tout cela au milieu de la lutte des classes qui nous assourdit?

En écrivant la vie de Guizot, Bardoux faisait une œuvre qui satisfaisait plus complètement son esprit. Il était prêt à comprendre à merveille l'homme d'État et l'écrivain. Il se sentait à l'aise pour tout dire. Les enthousiasmes de sa jeunesse avaient été confirmés par les réflexions de l'âge mûr. La philosophie de l'histoire n'a rien produit de plus grand. Sous une forme simple et grave, Guizot a émis des idées nouvelles qui ont changé la direction des études historiques. Tout ce que sa plume a touché s'est élevé sous l'action d'une pensée haute et sereine. Son œuvre est immense; son labeur prodigieux. Il travaillait sous le premier Empire, et c'est en 1874, peu de mois avant sa mort que nous avons vu la plume tomber de ses mains défaillantes. Son travail n'avait d'égal que la dignité de sa vie. Bardoux a dit tout cela avec précision, avec des détails d'un heureux choix et d'un intérêt soutenu; il l'a dit avec chaleur et avec cette sincérité qui, vis-à-vis d'un historien, est une forme de respect. Il a fait ressortir les idées maîtresses de l'homme d'État convaincu qu'il n'y avait pas d'œuvre plus digne de l'intelligence humaine que le gouvernement des sociétés et que, dès lors, toute constitution devait s'attacher à découvrir les hommes les plus capables pour leur confier la direction des affaires. Il voulait que les luttes de la liberté ouvrissent un concours public où triompheraient les plus dignes à force d'expérience, d'honnêteté, de valeur et d'énergie. Cette forme de gouvernement où le travail assurait l'ascension des classes, où l'influence ouvrait la carrière politique, où le pouvoir était donné aux services, conservé et défendu par l'éloquence, n'était fondé que sur les qualités de l'homme et tenait peu de compte de ses défauts. Guizot et ses amis estimaient que l'optimisme était la vertu des hommes publics et qu'elle préservait de ces épidémies de découragement que répandent dans le sein des peuples, las de l'effort, le pessimisme des philosophes et le scepticisme des gouvernants !

L'histoire parlementaire était encore de la politique. Sans la perdre de vue, Bardoux s'en éloignait en se sentant attiré vers la société de la Restauration qu'avait dominée et enchantée Chateaubriand. Voilà plus de cent ans que Chateaubriand a remué l'imagination française, et le XIXe siècle qui est né aux échos de son nom, n'a pas vu la fin de la révolution littéraire dont il a été l'initiateur. Que de gens sentent le charme d'un écrivain et sont impuissants à le faire éprouver!

Le volume consacré à Chateaubriand, à sa vie et à ses œuvres, est un des meilleurs qu'ait écrits Bardoux; on sent revivre l'admiration des contemporains avec cette impression indéfinissable que la postérité ajoute au génie; l'auteur a évidemment écrit sous la dictée de ceux qui ont le mieux connu l'homme, de celles qui ont poussé l'affection jusqu'au sacrifice; il a voulu voir de près ces témoins intimes, il a écouté leurs confidences, a recueilli leurs larmes et, tandis qu'il voulait analyser avec elles l'âme de René, il s'est senti gagné par un charme invincible; peu à peu, il s'est épris de celles même qu'il interrogeait; leur sincérité, leur oubli d'elles-mêmes, les sentiments et les caractères les plus divers se confondant en une admiration semblable, tout contribuait à l'attirer. Il s'aperçut bientôt qu'avant ce roman, qui était la page la plus brillante de leur vie, chacune d'elles avait été mêlée aux événements de la Révolution, et qu'elle portait dans ses souvenirs les souffrances, les misères et les deuils les plus tragiques. C'était la fille de M. de Montmorin perdant son père dans les massacres de septembre, sa mère et son frère sur l'échafaud, Mme de Custine échappant par miracle au supplice, Mme de Duras assistant avec son père, M. de Kersaint, aux débuts de la Révolution, dont il allait être une des premières victimes. Bardoux résolut de faire revivre ces figures effacées, de jeter, grâce à elles, un regard sur la société de l'ancien régime, de la peindre en ses derniers ébranlements et de voir comment ces épaves, meurtries par le flot de la Révolution, avaient peu à peu repris vie dans la société nouvelle. Il rassemblait à la fois le rêve et la réalité, les faits certains et la poésie, tout ce qui peut séduire l'écrivain. L'histoire ainsi comprise a tout le charme du roman et le domine. Peindre dans le même cadre la société brillante et paisible de Louis XVI et les tragédies de la Terreur, puis montrer dans ce pays où, sous les ruines du passé, tout semble nivelé, l'esprit français se ressaisissant aux accents de Mme de Staël et de Chateaubriand, assister à cette résurrection en suivant pas à pas la jeunesse d'une femme d'élite qui a éprouvé tous les contrastes de la fortune, qui a été brisée par la douleur et dont l'enthousiasme ranime pour un instant les forces et la vie, tel est le drame au centre duquel Pauline de Beaumont apparaît comme la plus touchante héroïne.

Des études si variées, tant d'écrits publiés avec un tel succès et, par-dessus tout, vingt années de vie politique consacrées aux causes les plus généreuses, sans une défaillance, devaient attirer l'attention de l'Académie. En 1890, vous l'appeliez à succéder à M. de Pressensé. Jules Simon était heureux de l'accueillir; il jouissait de se retrouver auprès de Léon Say et de Gréard, de Martha et de Sorel, de ceux qui avaient été ses maîtres ou ses émules. Il rencontrait parmi vous cette atmosphère de paix qui, dans les tourbillons de l'existence moderne, et surtout dans les heurts de la politique, nous rend l'air respirable et sert de contre-poids aux forces perturbatrices en ramenant l'équilibre dans la vie.

Votre choix lui montrait qu'il avait eu raison de se partager entre les lettres et la politique. En l'approuvant, vous encouragiez sa persévérance. Le Sénat, où son autorité n'avait cessé de croître, l'avait élevé à la vice-présidence et l'y maintenait, et cette fonction n'avait diminué ni son activité, ni ses devoirs. Aucune des causes auxquelles il s'était voué depuis 1871 ne fut abandonnée dans les dernières années de sa vie. Soit qu'il défende l'instituteur communal contre l'enseignement primaire d'État qui ne manquerait pas de dénaturer son caractère, soit qu'il proteste contre de nouvelles atteintes à l'inamovibilité des magistrats, soit qu'il lutte contre le droit d'accroissement où il voit la reprise d'une campagne « contre les œuvres de charité qui, dit-il, font de la France la première des nations », c'est toujours la même résolution de ne laisser passer aucune atteinte à la liberté. Ennemi des lois à étiquette tapageuse qui sont l'arme des charlatans, il n'était pas de ces esprits timorés qui craignent les réformes. Il les appelait de tous ses vœux, convaincu que l'œuvre des libéraux était de faire aboutir dans la sagesse des modifications législatives que faisait échouer l'exagération des partis.

Sa profession d'avocat l'avait mis jadis en contact avec les ouvriers ; il avait suivi leur existence, observé leurs besoins ; mêlé à la grande industrie des chemins de fer, comme administrateur, puis comme vice-président de la Compagnie d'Orléans, il avait retrouvé les mêmes problèmes et les avait étudiés avec une sympathie croissante. Il réclama en vain le libre emploi des Caisses d'Épargne auquel la Belgique doit en grande partie l'étonnante fécondité de ses réformes sociales. Il s'attacha au remaniement difficile de la législation sur les accidents du travail et défendit la loi sur les habitations à bon marché.

Deux œuvres remplirent les dernières années de l'orateur et de l'écrivain. Il voulut accroître la vie intellectuelle du pays; les Facultés lui semblaient sans initiative. En les réunissant en un faisceau, en donnant aux Universités, devenues le centre de l'activité provinciale, des bibliothèques, des laboratoires, tous les instruments du travail, on transformait l'enseignement supérieur. Il demandait que la loi conférât aux Facultés comme aux Universités, avec la personnalité civile, le droit d'acquérir comme de recevoir les dons et legs. Deux fois rapporteur, il échoua en 1892 et réussit en 1896. Il appelait de ses vœux au profit des Universités des développements sans limites. Sa pensée devançait l'avenir. Selon lui, les corps savants avaient de notre temps une grande mission : ils devaient délivrer l'État de certaines charges dont il ne savait s'acquitter et travailler, en attirant de toutes parts les dons et en les répandant au profit de la science, à détruire, en notre pays démocratique, à force de bienfaits, les préjugés contre la main-morte.

Il se reposait des travaux du Sénat en poursuivant une étude depuis longtemps commencée sur Mme de Duras. Des papiers précieux lui avaient été communiqués. Il en usa avec autant de discrétion que d'habileté. Sous sa plume, reparurent la figure si touchante de M. de Kersaint, de sa fille jetée orpheline en exil, puis revenant une des premières en France sous le Directoire, traversant sans bruit l'Empire, se trouvant tout d'un coup, sous la Restauration, une puissance dans l'État, devenant le conseil et l'appui de Chateaubriand qui, dans la correspondance la plus longue et la plus intime, la traite comme sa sœur en ne cessant pas de lui donner ce nom.

Ce n'est plus le charme attendri de Pauline de Beaumont, c'est un mélange d'enthousiasme et de raison, de dévouement et d'ambition qui donne une place exceptionnelle dans la vie de Chateaubriand à Mme de Duras et à une amitié qui, elle-même, est un modèle à part dans l'histoire du cœur humain. Il s'attachait à ces recherches, découvrait avec respect les trésors d'une correspondance sur laquelle nul avant lui n'avait été autorisé à jeter les yeux. Son premier volume était achevé; il en prévoyait un second. Sa santé ébranlée diminuait son activité extérieure. Entre les études qu'il mènerait à leur terme et le Sénat auquel il consacrerait le reste de ses forces, il entrevoyait une existence se terminant dans le labeur et la paix.

Aucun fait, aucune date n'avait rompu l'unité de sa carrière : il avait été fidèle à ses amis; aux heures de passion, il avait été un modérateur; aux heures de doute, il avait inspiré l'énergie. Spiritualiste convaincu, il puisait en son âme le sentiment du devoir; il y trouvait des réserves de force et savait combattre le découragement qui lui semblait de toutes les épidémies morales la plus menaçante pour l'avenir de la France. Il cherchait comment de l'histoire, cette grande consolatrice des déceptions humaines, il pourrait tirer la preuve que le pessimisme, en tuant l'effort, engendre tous les maux de l'humanité.

Chaque année, il emportait ses manuscrits inachevés dans sa retraite d'Auvergne; il y vivait dans sa bibliothèque, entre ses livres et les notes accumulées par le barreau, les lettres et la politique. Il retrouvait tous ses souvenirs dans cette maison qu'il avait achetée, jeune avocat, avec les fruits de son travail, où il avait entouré de soins sa vieille mère, où il avait conduit avec joie sa jeune femme, où il avait fondé son foyer et vu grandir ses enfants. Assise sur les dernières pentes des montagnes à la fin de deux vallées qui la bordent, elle dominait de loin les plaines de la Limagne et le regard n'était arrêté que par les monts du Forez ; en face de ces horizons qui donnent une impression de splendeur et de calme, il était assuré du repos ; les querelles de partis naguère si vives, ne montaient plus jusqu'à lui. N'ayant rien à demander au suffrage, il rencontrait chez tous un accueil où ne se peignait que la reconnaissance d'innombrables services rendus.

Il en revenait à l'automne de 1897 en se disant qu'il irait de plus en plus y chercher les forces qu'usaient les devoirs accumulés de Paris. Il ne devait pas y conduire sa vieillesse. De l'âge mûr à la mort, il ne connut pas de déclin. Un mal aigu l'envahit. Il vit venir l'heure suprême : il la regarda sans faiblir. Il n'y avait pas une de ses paroles, un de ses discours, un de ses livres qui n'eussent été inspirés par un sentiment élevé. Entre le culte de l'idée et la foi aux destinées futures, bien courte est la distance. C'était bien l'heure du repos et du sommeil due à un lutteur qui avait toujours combattu pour ses convictions et non pour lui-même, qui n'avait cessé de placer son but au-dessus de toutes les ambitions basses : partisan résolu de l'instruction populaire pour accroître la valeur du citoyen, il avait toujours puisé la morale à sa vraie source — il n'avait vu dans la politique que le moyen de faire le bien ; — au milieu des entraînements des partis, il avait su demeurer fidèle à la liberté, et, ce qui est plus rare, passionnément modéré.

BARDOUX (JOSEPH AGÉNOR)

SA VIE

1829.	19 janvier.	Sa naissance à Bourges.
1852.	27 décembre.	Avocat à la Cour d'appel de Paris.
1855.		Inscrit au barreau de Clermont.
1869.		Bâtonnier.
1870.	4 septembre.	Maire de Clermont.
1871.	8 février.	Elu député du Puy-de-Dôme.
1875.	15 mars.	Sous-secrétaire d'État au Ministère de la Justice.
1876.	9 mars.	Élu député de Clermont.
1877.	14 octobre.	Réélu député de Clermont.
1877.	14 décembre.	Ministre de l'Instruction Publique et des Cultes.
1879.	février.	Démissionnaire.
1878 à 1883.		Président du Conseil général du Puy-de-Dôme.
1882.	7 décembre.	Élu sénateur inamovible.
1889 à 1894.		Vice-président du Sénat.

1890. 26 avril. Membre de l'Académie des Sciences Morales et Politiques.

1897. 23 novembre. Sa mort à Paris.

TRAVAUX LITTÉRAIRES

1. **Une Préface** par A. BARDOUX. Novembre 1853. Clermont-Ferrand, A. Veysset, 1854, in-12, 24 pages (Biographie de Jacques Raimbaud, destinée à une édition de ses œuvres qui n'a pas paru.)

2. **Loin du monde**, POÉSIES par AGÉNOR BRADY, Paris, 1857, Michel Lévy frères, in-12, 216 p.

3. **Les Légistes, leur influence dans l'ancienne société française**, par A. BARDOUX. Paris, Germer-Baillière, 1877, 1 vol. in-8°, XI-319 p.

4. **Discours prononcés à Clermont-Ferrand, à l'inauguration de la statue de Blaise Pascal**, le 5 septembre 1880, et à la **distribution des récompenses de l'Exposition**, le 23 septembre 1880, par A. BARDOUX. Clermont-Ferrand, 1880, imprimerie Montlouis, 1880, in-12, 24 p.

5. **Le comte de Montlosier et le gallicanisme,** par A. BARDOUX. Paris, C. Lévy, 1881, 1 vol. in-8°, VIII-394 p.

6. **Dix années de vie politique,** par A. BARDOUX. Paris, G. Charpentier, 1882, 1 vol. in-12, XI-387 p.

7. **La comtesse Pauline de Beaumont,** par A. BARDOUX. Paris, C. Lévy, 1884, in-8°, XI-426 p.

8. **La Bourgeoisie française,** par A. BARDOUX, Paris, C. Lévy, 1886-1893, 1 vol. in-8°, VII-449 p.

9. **Madame de Custine,** par A. BARDOUX. Paris, C. Lévy, 1888-1891, in-8°, IV-437 p.

10. **Études d'un autre temps,** par A. BARDOUX. Paris, C. Lévy, 1889, 1 vol. in-18, VI-345 p.

11. **La jeunesse de Lafayette,** par A. BARDOUX. Paris, C. Lévy, 1892, 1 vol. in-8°, XII-413 p.

12. **Les dernières années de Lafayette,** par A. BARDOUX. Paris, C. Lévy, 1893, in-8°, IV-433 p.

13. **Discours prononcé par A. Bardoux à la distribution des prix du lycée Blaise-Pascal,** le 31 juillet 1893. Clermont-Ferrand, imprimerie de G. Montlouis, 1893, in-8°, 10 p.

14. **Châteaubriand**, par A. BARDOUX. Paris, Lecène, Oudin et Cie, 1893, in-8°, 240 p. (Collection des classiques populaires.)

15. **Guizot**, par A. BARDOUX. Paris, Hachette, 1894, in-16, 223 p.

16. **La duchesse de Duras**, par A. BARDOUX. Paris, C. Lévy, 1898, in-8°, IV-437 p.

TRAVAUX PARLEMENTAIRES

1. **Rapport sommaire au nom de la 5e Commission d'Initiative parlementaire sur la proposition de MM. Eug. Tallon et Henri Fournier sur les règles applicables à toutes les élections (contre-projet sur la proposition de MM. Jozon et Rolland, par** M. BARDOUX. Versailles, imprimerie de Cerf, 1872, in-4°, 3 p. (Assemblée Nationale, session de 1871, n° 392.)

2. **Rapport sommaire fait au nom de la 5e Commission d'Initiative parlementaire sur la proposition de M. Bottieau relative à l'abrogation du paragraphe 1er de l'article 17 du décret du 17 février 1852, qui interdit de rendre compte des procès pour délits de presse,** par M. BARDOUX. Versailles, imprimerie de Cerf, 1872, in-4°, 3 p. (Assemblée Nationale, session de 1871, n° 480.)

3. **Rapport sommaire fait au nom de la 6e commission d'Initiative parlementaire sur la proposition de loi de MM. Bottieau, Adnet,**

Giraut, Desjardins et Joubert, relative aux annonces judiciaires et légales, par M. BARDOUX. Versailles, imprimerie de Cerf, 1872, in-4°, 3 p. (Assemblée Nationale, session de 1871, n° 521.)

4. **Rapport sommaire fait au nom de la 6e commission d'Initiative parlementaire sur la proposition de loi de M. Édouard Charton ayant pour objet une institution de Conférences Publiques**, par M. BARDOUX. Versailles, imprimerie de Cerf, 1871, in-4°, 3 p. (Assemblée Nationale, session de 1871, n° 618.)

5. **Rapport fait au nom de la Commission chargée d'examiner le projet de loi règlant les dispositions provisoires relatives aux élections et à la revision des listes annuelles**, par M. BARDOUX. Versailles, imprimerie de Cerf, 1871, in-4°, 3 p. (Assemblée Nationale, session de 1871, n° 763.)

6. **Rapport fait au nom de la Commission du Budget pour l'exercice 1873 sur le budget des recettes et dépenses de l'Imprimerie Nationale**, par M. BARDOUX. Versailles, imprimerie de Cerf et fils, 1873, in-4°, 3 p. (Assemblée Nationale, 1872, n° 1396.)

7. **Rapport fait au nom de la Commission du Budget de 1873 sur le budget des dépenses du Ministère de la Justice**, par M. BARDOUX. Versailles, imprimerie de Cerf et fils, 1873,

in-4°, 10 p. (Assemblée Nationale, année 1872, n° 1408.)

8. **Rapport fait au nom de la Commission du Budget pour l'exercice 1873 sur le budget des recettes et des dépenses de la Légion d'Honneur**, par M. BARDOUX. Versailles, imprimerie de Cerf et fils, 1873, in-4°, 11 p. (Assemblée Nationale, année 1872, n° 1409.)

9. **Rapport supplémentaire fait au nom de la Commission du Budget sur le budget du Ministère de la Justice pour l'exercice 1873**, par M. BARDOUX. Versailles, imprimerie de Cerf et fils, 1873, in-4°, 10 p. (Assemblée Nationale, année 1872, n° 1449.)

10. **Rapport fait au nom de la Commission du Budget chargée d'examiner le projet de loi tendant à ouvrir au Ministère de l'Intérieur un crédit extraordinaire de un million pour secours aux inondés**, par M. BARDOUX. Versailles, imprimerie de Cerf et fils, 1873, in-4°, 2 p. (Assemblée Nationale, 1872, n° 1508.)

11. **Rapport fait au nom de la Commission du Budget sur le projet de loi portant ouverture au Ministre de la Justice sur l'exercice 1872 d'un crédit supplémentaire de 10 650 francs pour le payement des traitements des divers juges de paix des départements cédés**, par M. BARDOUX. Versailles, imprimerie de Cerf et fils, 1873, in-4°, 2 p. (Assemblée Nationale, 1873, n° 1556.)

12. **Rapport fait au nom de la Commission chargée d'examiner le projet de loi portant ouverture au Budget de la Légion d'Honneur, exercice 1872, d'un crédit supplémentaire de 10 000 francs**, par M. BARDOUX. Versailles, imprimerie de Cerf et fils, 1873, in-4°, 2 p. (Assemblée Nationale, 1873, n° 1557.)

13. **Rapport fait au nom de la Commission du Budget chargé d'examiner le projet de loi portant ouverture au Ministre de la Justice sur l'exercice 1872, d'un crédit extraordinaire de 550 000 francs applicable à la reconstitution des actes de l'État civil de la ville de Paris**, par M. BARDOUX. Versailles, imprimerie de Cerf, 1873, in-4°, 3 p. (Assemblée Nationale, 1873, n° 1566.)

14. **Rapport fait au nom de la Commission du Budget chargée d'examiner le projet de loi tendant à ouvrir au Ministre de l'Intérieur, sur l'exercice 1873, un crédit supplémentaire de 469 000 francs pour les dépenses de police de l'agglomération lyonnaise et à fixer à 30 p. 100 la part contributive de la ville de Lyon**, par M. BARDOUX. Versailles, imprimerie de Cerf et fils, 1873, in-4°, 6 p. (Assemblée Nationale, 1873, n° 1610.)

15. **Rapport fait au nom de la Commission du Budget chargée d'examiner le projet de loi tendant à ouvrir au Ministre de la Justice pour l'exercice 1873, un crédit de 37 000**

francs destiné à continuer leur traitement aux magistrats des ressorts de Metz et Colmar, dépossédés par l'annexion et non replacés, par M. BARDOUX. Versailles, imprimerie de Cerf et fils, 1873, in-4°, (Assemblée Nationale, 1873, n° 1667.)

16. **Rapport fait au nom de la Commission du Budget de 1874, chargée d'examiner le projet de loi portant ouverture au Ministère de l'Instruction Publique et des Beaux-Arts, sur l'exercice 1873, d'un crédit extraordinaire de 206 500 francs applicable à l'acquisition de la fresque de Magliana,** par M. BARDOUX. Versailles, imprimerie de Cerf et fils, 1873, in-4°, 4 p. (Assemblée Nationale, 1873, n° 1905.)

17. **Rapport fait au nom de la Commission du Budget, exercice 1873, sur un projet de loi portant ouverture au Ministre de la Justice d'un crédit de 96 900 francs, applicable à la création de deux tribunaux civils et de vingt-cinq justices de paix en Algérie,** par M. BARDOUX. Versailles, imprimerie de Cerf et fils, 1873, in-4°, 8 p. (Assemblée Nationale, 1873, n° 2002.)

18. **Rapport fait au nom de la Commission du Budget sur le budget des dépenses de l'exercice 1874 (Ministère de l'Instruction Publique, des Cultes et des Beaux-Arts),** par M. BARDOUX. Versailles, imprimerie de Cerf

et fils, 1873, in-4°, 66 p. (Assemblée Nationale, 1873, n° 2058.)

19. **Rapport fait au nom de la Commission du budget, chargée d'examiner le projet de loi tendant à obtenir un crédit extraordinaire pour subvenir aux dépenses nécessitées par l'incendie de l'Opéra et par la reprise des représentations de l'Académie Nationale de Musique**, par M. BARDOUX. Versailles, imprimerie de Cerf et fils, 1873, in-4°, 6 p. (Assemblée Nationale, 1873, n° 2152.)

20. **Rapport fait au nom de la Commission du budget chargée d'examiner le projet de loi tendant à élever exceptionnellement de 47 000 francs le crédit du chapitre 3 (cardinaux, archevêques et évêques) du budget des Cultes (exercice 1873)**, par M. BARDOUX. Versailles, imprimerie de Cerf, 1874, in-4°, 4 p. (Assemblée Nationale, 1874, n° 2185.)

21. **Rapport fait au nom de la Commission du budget chargée d'examiner le projet de loi portant ouverture d'un crédit additionnel de 20 000 francs au chapitre 1 section 1 du budget du Ministère de l'Instruction Publique, des Cultes et des Beaux-Arts**, par M. BARDOUX. Versailles, imprimerie de Cerf et fils, 1874, in-4°, 2 p. (Assemblée Nationale, année 1874, n° 2206.)

22. **Rapport fait au nom de la Commission chargée**

d'examiner le projet de loi portant ouverture sur l'exercice 1874, au Ministre de l'Instruction Publique, des Cultes, et des Beaux-Arts, en augmentation des restes à payer des exercices 1871-72, des crédits supplémentaires montant à la somme de 20 038 francs 55, par M. Bardoux. Versailles, imprimerie de Cerf et fils, 1874, in-4°, 5 p. (Assemblée Nationale, année 1874, n° 2239.)

23. **Rapport fait au nom de la Commission chargée d'examiner la proposition de M. de Pressensé et de plusieurs de ses collègues, relative à la liberté des réunions pour la célébration d'un culte religieux**, par M. Bardoux. Versailles, imprimerie de Cerf et fils, 1874, in-4°, 27 p. (Assemblée Nationale, année 1874, n° 2261.)

24. **Rapport fait au nom de la Commission du budget chargée d'examiner le projet de loi portant ouverture au Ministre de l'Instruction Publique, des Cultes et des Beaux-Arts, d'un crédit supplémentaire de 100 000 francs imputable sur le chapitre 26 du budget de l'exercice 1874, pour les dépenses relatives aux observations du passage de Vénus sur le Soleil**, par M. Bardoux. Versailles, imprimerie de Cerf et fils, 1874, in-4°, 4 p. (Assemblée Nationale, année 1874, n° 2288.)

25. **Rapport fait au nom de la Commission du budget de 1874 chargée d'examiner le**

projet de loi tendant à ouvrir au Ministre de l'Instruction Publique, des Cultes et des Beaux-Arts sur l'exercice 1873 : 1° Un crédit supplémentaire de 14 540 francs, applicable aux dépenses de l'Observatoire de Paris ; 2° Un crédit supplémentaire de 12 247 francs 44, applicable aux dépenses de l'École des langues orientales vivantes, par M. BARDOUX. Versailles, imprimerie de Cerf et fils, 1874, in-4°, 5 p. (Assemblée Nationale, année 1874, n° 2357.)

26. **Rapport fait au nom de la Commission du budget sur le budget des dépenses de l'exercice 1875 (Ministère de l'Instruction Publique, des Cultes et des Beaux-Arts, sections de l'Instruction Publique et des Cultes)**, par M. BARDOUX. Versailles, imprimerie de Cerf et fils, 1874, in-4°, 67 p. (Assemblée Nationale, année 1874, n° 2416.)

27. **Rapport fait au nom de la Commission du budget de 1875 chargée d'examiner le projet de loi portant ouverture au budget du Ministère de l'Instruction Publique, des Cultes et des Beaux-Arts, section 1°, Instruction Publique (chapitre 17), sur l'exercice 1873, d'un crédit supplémentaire de 20 989 francs 95**, par M. BARDOUX. Versailles, imprimerie de Cerf et fils, 1874, in-4° (Assemblée Nationale, année 1874, n° 2596.)

28. **Rapport fait au nom de la Commission du**

budget de 1875, chargée d'examiner le projet de loi portant ouverture au Ministre de l'Instruction Publique, des Cultes et des Beaux-Arts sur l'exercice 1874 et sur le chapitre 7 (section 1°) d'un crédit additionnel de 148 000 francs, par M. Bardoux. Versailles, imprimerie de Cerf et fils, 1874, in-4°, 3 p. (Assemblée Nationale, année 1874, n° 2700.)

29. **Assemblée nationale. Discours de M. Bardoux à la séance du 5 décembre 1874. Première délibération sur la proposition relative à la liberté de l'enseignement supérieur.** Paris, A. Wittersheim, 1874, in-8°, 16 p. (Extrait du journal officiel du 6 décembre 1874.)

30. **Rapport fait au nom de la Commission du budget chargée d'examiner le projet de loi tendant à élever exceptionnellement de 1 630 000 francs à 1 735 182 francs 88, le crédit du chapitre 3 (cardinaux, archevêques et évêques) du budget des Cultes, exercice 1874,** par M. Bardoux. Versailles, imprimerie de Cerf et fils, 1875, in-4°, 4 p. (Assemblée Nationale, année 1874, n° 2778.)

31. **Rapport fait au nom de la Commission du budget chargée d'examiner le projet de loi portant ouverture au Ministre de l'Instruction Publique, des Cultes, et des Beaux-Arts d'un crédit supplémentaire de 300 000 francs, imputable sur l'exer-**

cice 1875, pour les dépenses relatives à la conservation des Monuments historiques, par M. BARDOUX. Versailles, imprimerie de Cerf et fils, 1875, in-4°, 5 p. (Assemblée Nationale, année 1874, n° 2793.)

32. **Rapport fait au nom de la Commission du budget 1875 sur le projet de loi contenant les dispositions additionnelles au budget des Beaux-Arts pour l'exercice 1875,** par M. BARDOUX. Versailles, imprimerie de Cerf et fils, 1875, in-4°, 3 p. (Assemblée Nationale, année 1875, n° 2906.)

33. **Rapport fait au nom de la Commission du budget sur le projet de loi portant ouverture au budget de l'Instruction Publique d'un crédit de 17 000 francs pour la création d'une chaire de chimie organique à la Faculté des sciences de Paris,** par M. BARDOUX. Versailles, imprimerie de Cerf et fils, 1875, in-4°. (Assemblée Nationale, année 1875, n° 2934.)

34. **Rapport fait au nom de la Commission du budget sur le budget des dépenses de l'exercice 1877 (Ministère de l'Instruction Publique),** par M. BARDOUX. Versailles, imprimerie de Cerf et fils, 1876, in-4°, 90 p. (Chambre des Députés, 1er législature, session de 1876, n° 288.)

35. **Chambre des Députés. Discours de M. Bardoux à la séance du 23 novembre 1876.**

Discussion du budget des Cultes. Paris, A. Wittersheim, 1876, in-8°, 24 p. (Extrait du *Journal officiel* du 26 novembre 1876.)

36. **Rapport fait au nom de la Commission du budget chargée d'examiner le projet de loi portant ouverture, au Ministre de l'Instruction publique, sur l'exercice 1876, d'un crédit supplémentaire de 90 136 fr. 39 centimes, applicable à diverses dépenses relatives à la détermination de la parallaxe du Soleil,** par M. Bardoux. Versailles, imprimerie de Cerf et fils (s.d.), in-4°, 5 p. (Chambre des Députés, 1re législature, session de 1876, n° 615.)

37. **Rapport fait au nom de la Commission du budget chargée d'examiner le projet de loi portant ouverture, pour divers ministères, de crédits supplémentaires sur l'exercice 1876 (Ministère de l'Instruction publique),** par M. Bardoux. Versailles, imprimerie de Cerf et fils (s.d.), in-4°, 7 p. (Chambre des Députés, 1re législature, session de 1876, n° 631.)

38. **Rapport fait au nom de la Commission du budget sur le budget des dépenses de l'exercice 1878 (Ministère de l'Instruction publique),** par M. Bardoux. Versailles, imprimerie de Cerf et fils (s.d.), in-4°, 84 p. (Chambre des Députés, 1re législature, session de 1877, n° 884.)

39. **Proposition de loi sur l'état de siège,** présenté par M. Bardoux. Versailles, imprimerie de Cerf et fils (s.d.), in-4°, 6 p. (Chambre des Députés, 2e législature, session de 1877, n° 100.)

40. **Proposition de loi sur la vente et le colportage des journaux,** présentée par M. Bardoux. Versailles, imprimerie de Cerf et fils (s.d.), in-4°, 6 p. (Chambre des Députés 2e législature, session de 1877, n° 101.).

41. **Rapport fait au nom de la Commission du budget sur le budget des dépenses de l'exercice 1878 (Ministère de l'Instruction publique),** par M. Bardoux. Versailles, imprimerie de Cerf et fils (s.d.), in-4°, 90 p. (Chambre des Députés, 2e législature, session de 1877, n° 185.)

42. **Projet de loi sur l'enseignement primaire obligatoire,** présenté au nom de M. le maréchal de Mac-Mahon, par M. Barddoux (Ministère de l'Instruction publique), 24 janvier 1879. Versailles, imprimerie de Cerf et fils (s.d.), in-4°, 10 p. (Chambre des Députés, 2e législature, session 1879, n° 1091.)

43. **Rapport fait au nom de la Commission chargée d'examiner la proposition de loi de M. Seignobos, relative à la liberté des réunions pour la célébration d'un culte religieux,** par M. Bardoux. Paris, A. Quantin (s.d.),

in-4°, 11 p. (Chambre des députés, 2e législature, session extraordinaire, de 1879, n° 1942.)

44. **Rapport fait au nom de la Commission du budget chargée d'examiner le projet de loi concernant : 1° la Caisse pour la construction des lycées nationaux, collèges communaux et écoles primaires; 2° ouverture au Ministre de l'Instruction publique et des Beaux-Arts d'un crédit de 17 000 000 de francs à titre de subvention extraordinaire à ladite caisse,** par M. BARDOUX. Paris, A. Quantin (s.d.), in-4°, 18 p. (Chambre des Députés, 2e législature, session extraordinaire, de 1879, n° 1942.)

45. **Rapport au nom de la Commission du budget chargée d'examiner le projet de loi adopté par la Chambre des Députés, adopté avec modifications par le Sénat, concernant : 1° la caisse des lycées nationaux, collèges communaux et écoles primaires; 2° l'ouverture au ministre de l'Instruction publique et des Beaux-Arts, d'un crédit de 17 000 000 de francs à titre de subvention extraordinaire à ladite caisse,** par M. BARDOUX. Paris, A. Quantin (s.d.), in-4°, 12 p. (Chambre des Députés, 2e législature, session extraordinaire de 1879, n° 2768.)

46. **Rapport fait au nom de la Commission chargée d'examiner le projet de loi portant approba-**

tion d'une convention signée le 16 juin 1880 entre la France et l'Espagne, pour la garantie de la propriété des œuvres de littérature et d'art, par M. Bardoux. Paris, A. Quantin (s.d)., in-4°. (Chambre des Députés, 2e législature, session de 1880, n° 2926.)

47. **Proposition de loi sur les modifications à introduire dans la loi électorale,** présentée par M. Bardoux. Paris, A. Quantin (s.d.), in-4°, 15 p. (Chambre des Députés, 2e législature, session de 1880, n° 2950.)

48. **Rapport fait au nom de la Commission chargée d'examiner le projet de loi sur la propriété artistique,** par M. Bardoux. Paris, A. Quantin (s.d.), in-4. (Chambre des Députés, 2e législature, session de 1881, n° 3415.)

49. **Proposition de loi sur la propriété artistique,** présentée par M. Bardoux (19 avril 1883). Paris, imprimerie de P. Mouillot (s.d.), in-4°, 16 p. (Sénat, session de 1883, n° 142.)

50. **Rapport fait au nom de la Commission chargée d'examiner la proposition de loi sur la propriété artistique,** par M. Bardoux (5 juin 1884). Paris, imprimerie de P. Mouillot (s.d.), in-4°, 46 p. (Sénat, session de 1884, n° 169.)

51. **Proposition de loi relative à la suppression de la publicité des exécutions capitales,**

présentée par M. BARDOUX (10 juin 1884). Paris, imprimerie de P. Mouillot (s.d.), in-4°, 9 p. (Sénat, session de 1884, n° 176.)

52. **Rapport fait au nom de la Commission chargée d'examiner la proposition de loi de M. Bardoux, relative à la suppression de la publicité des exécutions capitales**, par M. BARDOUX (22 novembre 1884). Paris, imprimerie de P. Mouillot (s.d.), in-4°, 19 p. (Sénat, session extraordinaire de 1884, n° 63.)

53. **Rapport fait au nom de la Commission chargée d'examiner le projet de loi, adopté par la Chambre des Députés, portant approbation d'une convention signée, le 9 juillet 1884, entre la France et l'Italie, pour la garantie de la propriété littéraire et artistique**, par M. BARDOUX (4 décembre 1884). Paris, imprimerie de P. Mouillot (s.d.), in-4°, 19 p. (Sénat, session extraordinaire de 1884, n° 102.)

54. **Rapport fait au nom de la 2e Commission d'intérêt local, chargée d'examiner le projet de loi, adopté par la Chambre des Députés, tendant à autoriser le département du Puy-de-Dôme à créer des ressources extraordinaires pour l'établissement d'une école normale d'institutrices**, par M. BARDOUX (26 février 1885). Paris, imprimerie de P. Mouillot (s.d.), in-4°, 5 p. (Sénat, session de 1885, n° 41.)

55. **Rapport fait au nom de la 2e Commission d'intérêt local, chargée d'examiner le projet de loi, adopté par la Chambre des Députés, tendant à autoriser la ville de Lille (Nord) à changer l'affectation de fonds d'emprunt,** par M. Bardoux (28 mars 1885.) Paris, imprimerie de P. Mouillot (s.d.), in-4°, 5 p. (Sénat, session de 1885, n° 108.)

56. **Rapport supplémentaire fait au nom de la Commission chargée d'examiner la proposition de loi de M. Bardoux relative à la suppression de la publicité des exécutions capitales,** par M. Bardoux (7 mai 1885). Paris, imprimerie de P. Mouillot (s.d.), in-4°, 32 p. (Sénat, session de 1885, n° 129.)

57. **Rapport fait au nom de la Commission chargée d'examiner le projet de loi, adopté par la Chambre des Députés, relatif aux récompenses à décerner à l'occasion de l'Exposition de l'Union centrale des arts décoratifs et de l'Exposition internationale d'hygiène et d'éducation de Londres en 1884,** par M. Bardoux (30 juin 1885). Paris, imprimerie de P. Mouillot (s.d.), in-4°, 7 p. (Sénat, session de 1885, n° 271.)

58. **Proposition de loi sur les fraudes en matière artistique, présentée par M. Bardoux, J. Bozérian et Humbert** (24 novembre 1886). Paris, imprimerie de P. Mouillot (s.d.), in-4°, 6 p. (Sénat, session extraordinaire de 1885, n° 14.)

59. **Rapport fait au nom de la Commission chargée d'examiner la proposition de loi de MM. Bardoux, J. Bozérian et Humbert sur les fraudes en matière artistique,** par M. Bardoux (17 décembre 1885). Paris, imprimerie de P. Mouillot (s.d.), in-4°, 12 p. (Sénat, session extraordinaire de 1885, n° 67.)

60. **Rapport fait au nom de la Commission chargée d'examiner la proposition de loi, adoptée par la Chambre des Députés, tendant à faire fixer désormais par décret les droits et prérogatives des écoles d'enseignement supérieur d'Alger,** par M. Bardoux (7 juillet 1887). Paris, imprimerie de P. Mouillot (s.d.), in-4°, 7 p. (Sénat, session de 1885, n° 296.)

61. **Rapport fait au nom de la Commission chargée d'examiner le projet de loi, adopté par la Chambre des Députés, pour la conservation des monuments et objets d'art ayant un intérêt historique et artistique,** par M. Bardoux (15 mars 1886). Paris, imprimerie de P. Mouillot (s.d.), in-4° 40 p. (Sénat, session de 1886, n° 83.)

62. **Rapport fait au nom de la Commission chargée d'examiner le projet de loi, adopté par la Chambre des Députés, relatif aux auditeurs de 2e classe au Conseil d'État,** par M. Bardoux (22 mars 1887). Paris, impri-

merie de P. Mouillot (s.d.), in-4°, 15 p. (Sénat, session de 1887, n° 176).

63. **Rapport fait au nom de la Commission chargée d'examiner le projet de loi, adopté par la Chambre des Députés, portant approbation de la Convention provisoire de commerce et de navigation signée à Athènes le 6 novembre 1886, entre la France et la Grèce**, par M. BARDOUX (4 avril 1887). Paris, imprimerie de P. Mouillot (s.d.), in-4°, 8 p. (Sénat, session de 1887, n° 229.)

64. **Proposition de loi modifiant les dispositions principales de la loi du 10 décembre 1883 relatives aux élections des tribunaux de commerce**, présentée par M. BARDOUX (14 juin 1887). Paris, imprimerie de P. Mouillot (s.d.), in-4°, 23 p. (Sénat, session de 1887, n° 299.)

65. **Proposition de loi portant aggravation de la peine des travaux forcés à perpétuité, au cas où elle est substituée à la peine de mort soit par suite de l'admission de circonstances atténuantes par le jury, soit par l'effet de la commutation de peine**, présentée par MM. BÉRENGER, BARDOUX et DE MARCÈRE (21 juin 1887). Paris, imprimerie de P. Mouillot (s.d.), in 4°, 11 p. (Sénat, session de 1887, n° 319.)

66. **Rapport sommaire fait au nom de la 1re Com-**

mission d'initiative parlementaire, chargée d'examiner la proposition de loi de M. de Marcère et de plusieurs de ses collègues sur le rattachement au budget de l'État des dépenses de la police dans la ville de Paris, par M. BARDOUX (17 février 1888). Paris, imprimerie de P. Mouillot (s.d.), in-4°, 4 p. (Sénat, session de 1888 n° 95).

67. **Rapport fait au nom de la Commission chargée d'examiner le projet de loi, adopté par la Chambre des Députés, ayant pour objet de modifier les droits du tarif général des douanes à l'égard d'un certain nombre de produits italiens,** par M. BARDOUX (26 février 1888). Paris, imprimerie de P. Mouillot (s.d.), in-4°, 18 p. (Sénat, session de 1888, n° 124.)

68. **Rapport fait au nom de la Commission chargée d'examiner le projet de loi adopté par la Chambre des Députés, modifié par le Sénat, adopté avec modifications par la Chambre des Députés, ayant pour objet de modifier les droits du tarif général des douanes à l'égard d'un certain nombre de produits italiens,** par M. BARDOUX (27 février 1888). Paris, imprimerie de P. Mouillot (s.d.), in-4°, 4 p. (Sénat, session de 1888, n° 126.)

69. **Rapport fait au nom de la Commission des finances, chargée d'examiner le projet de**

loi, adopté par la Chambre des Députés, portant ouverture, sur l'exercice 1889, d'un crédit de 367 000 *francs*, pour le service des Beaux-Arts, par M. Bardoux (29 mai 1889). Paris, imprimerie de P. Mouillot (s.d.), in-4°, 5 p. (Sénat, session de 1889, n° 156.)

70. **Rapport fait au nom de la Commission des finances, chargée d'examiner le projet de loi, adopté par la Chambre des Députés, autorisant le Ministre de la Marine à commander à l'industrie des constructions neuves de bâtiments de la flotte d'une valeur totale de 58 millions et ouvrant pour cet objet un crédit de 6 millions sur l'exercice 1890,** par M. Bardoux (21 novembre 1889). Paris, imprimerie de P. Mouillot (s.d.), in-4°, 7 p. (Sénat, session extraordinaire de 1889, n° 10.)

71. **Rapport sommaire fait au nom de la 7e Commission d'initiative parlementaire (1889), chargée d'examiner la proposition de loi de M. Poirier et plusieurs de ses collègues sur l'organisation du Conseil général de la Seine,** par M. Bardoux (27 janvier 1890). Paris, imprimerie de P. Mouillot (s.d.), in-4°, 5 p. (Sénat, session de 1890, n° 5.)

72. **Rapport sommaire fait au nom de la Commission chargée d'examiner le projet de loi, adopté par la Chambre des Députés, con-**

cernant la responsabilité des accidents dont les ouvriers sont victimes dans leur travail, par M. Bardoux. (Sénat, session de 1890, n° 6.)

73. **Rapport fait au nom de la Commission des finances, chargée d'examiner le projet de loi, adopté par la Chambre des Députés, portant ouverture au ministre de l'Instruction Publique et des Beaux-Arts, de crédits supplémentaires à inscrire au chapitre 51 du budget de l'exercice 1890, par M.** Bardoux (24 juillet 1890). Paris, imprimerie de P. Mouillot (s.d.), in-4°, 6 p. (Sénat, session de 1890, n° 166.)

74. **Rapport fait au nom de la Commission chargée d'examiner la proposition de loi de M. Poirrier et plusieurs de ses collègues sur l'organisation du Conseil général de la Seine,** par M. Bardoux (13 décembre 1890). Paris, imprimerie de P. Mouillot (s.d.), in-4°, 22 p. (Sénat, session extraordinaire de 1890, n° 29.)

75. **Rapport fait au nom de la Commission des finances, chargée d'examiner le projet de loi, adopté par la Chambre des Députés, concernant l'ouverture de crédits supplémentaires sur l'exercice 1890 (Ministre de l'Instruction Publique, chapitre 43. Lycées nationaux de garçons),** par M. Bardoux (23 décembre 1890). Paris, imprimerie de

P. Mouillot (s.d.), in-4°, 4 p. (Sénat, session extraordinaire de 1890, n° 53.)

76. **Rapport fait au nom de la Commission des finances, chargée d'examiner le projet de loi, adopté par la Chambre des Députés, portant ouverture au ministre de l'Instruction Publique et des Beaux-Arts, d'un crédit de 500 000 francs, chapitre 15 bis. Fouilles de Delphes** (27 février 1891). Paris, imprimerie de P. Mouillot (s.d.), in-4°, 7 p. (Sénat, session de 1891, n° 25.)

77. **Rapport fait au nom de la Commission des finances de 1890, chargée d'examiner le projet de loi, adopté par la Chambre des Députés, portant ouverture au ministre de l'Instruction Publique et des Beaux-Arts, sur l'exercice 1891, d'un crédit supplémentaire de 325 000 francs à inscrire au chapitre 43 (Collèges communaux de garçons),** par M. Bardoux (16 mars 1891). Paris, imprimerie de P. Mouillot (s.d.), in 4°, 8 p. (Sénat, session de 1891, n° 47.)

78. **Rapport fait au nom de la Commission chargée d'examiner la proposition de loi, adoptée par la Chambre des Députés, ayant pour objet d'étendre les cas d'inéligibilité au conseil général et au conseil d'arrondissement,** par M. Bardoux (30 avril 1891). Paris, imprimerie de P. Mouillot (s.d.), in-4°, 12 p. (Sénat, session de 1891, n° 69.)

79. **Rapport fait au nom de la Commission chargée d'examiner le projet de loi, adopté par la Chambre des Députés, ayant pour objet d'approuver la convention intervenue entre le ministre de l'Instruction Publique et des Beaux-Arts et le ministre des Travaux publics, d'une part, et, d'autre part, MM. Guillotin, Mozet, Delalonde et Léturgeon, entrepreneurs de travaux publics, en vue de la reconstruction à forfait du Théâtre national de l'Opéra-Comique,** par M. BARDOUX (28 novembre 1892). Paris, imprimerie de P. Mouillot (s.d.), in-4°, 32 p. (Sénat, session extraordinaire de 1892, n° 30.)

80. **Rapport fait au nom de la Commission de l'armée, chargée d'examiner la proposition de loi de MM. Bérenger, Jules Simon, Léopold Thezard, Eugène Goujin, tendant à modifier les articles 5 et 59 de la loi du 15 juillet 1889 sur le recrutement de l'armée,** par M. BARDOUX (23 juin 1893). Paris, imprimerie de P. Mouillot (s.d.), in-4°, 14 p. (Sénat, session de 1893, n° 228.)

81. **Rapport fait au nom de la Commission chargée d'examiner la proposition de loi, adopté par la Chambre des Députés, relative à la suppression des Octrois,** par M. BARDOUX (19 juillet 1893). Paris, imprimerie de P. Mouillot (s.d.), in-4°, 260 p. (Sénat, session 1893, n° 295.)

82. **Rapport fait au nom de la Commission de l'armée, chargée d'examiner la proposition de loi de MM. Demôle, Félix Martin, Dulac, ayant pour objet d'étendre aux fils de femmes divorcées la dispense accordée aux fils de femmes veuves par l'article 21 de la loi du 15 juillet 1889 sur le recrutement de l'armée,** par M. Bardoux (17 mai 1894). Paris, imprimerie de P. Mouillot (s.d.), in-4°, 7 p. (Sénat, session de 1894, n° 94.)

83. **Rapport fait au nom de la Commission des finances, chargée d'examiner le projet de loi, adopté par la Chambre des Députés, portant ouverture, au ministre de l'Instruction Publique et des Beaux-Arts, d'un crédit extraordinaire de 120 810 francs 95, à inscrire au budget de l'exercice 1894 sous un chapitre 15 bis, Fouilles de Delphes,** par M. Bardoux (13 juillet 1894). Paris, imprimerie de P. Mouillot (s.d.), in-4°, 4 p. (Sénat, session 1895, n° 167.)

84. **Rapport fait au nom de la Commission des finances, chargée d'examiner le projet de loi, adopté par la Chambre des Députés, ayant pour objet : 1° la vente aux enchères publiques des terrains et des constructions des magasins et ateliers des décors de l'Opéra et de l'Opéra-Comique, situés rue Richer et place Louvois ; 2° l'ouverture au ministre des Travaux Publics sur l'exercice 1894, d'un crédit de 1 291 570 francs**

pour l'exécution des travaux que comporte cette réinstallation, par M. Bardoux (26 novembre 1894). Paris, imprimerie de M. P. Mouillot (s.d.), in-4°, 5 p. (Sénat, session extraordinaire de 1894, n° 29.)

85. **Rapport fait au nom de la Commission des finances, chargée d'examiner le projet de loi, adopté par la Chambre des Députés, autorisant l'acquisition par l'État de l'école Monge**, par M. Bardoux (18 décembre 1894). Paris, imprimerie de P. Mouillot (s.d.), in-4°, 8 p. (Sénat, session extraordinaire de 1894, n° 51.)

86. **Rapport fait au nom de la Commission des finances, chargée d'examiner la proposition de loi, adoptée par la Chambre des Députés, tendant à ouvrir au ministre de l'Intérieur sur l'exercice 1894, un crédit de 100 000 francs pour les besoins du traitement de la diphtérie par la sérumthérapie**, par M. Bardoux (27 décembre 1894). Paris, imprimerie de P. Mouillot (s.d.,) in-4°, 3 p. (Sénat, session extraordinaire de 1894, n° 70.)

87. **Rapport fait au nom de la Commission des finances, chargée d'examiner le projet de loi, adopté par la Chambre des Députés, tendant à ouvrir un crédit extraordinaire de 20 000 francs pour la célébration des funérailles du maréchal Canrobert**, par M. Bardoux (1er février 1895). Paris, impri-

merie de P. Mouillot (s.d.), in-4°, 3. p. (Sénat, session de 1895, n° 17.)

88. **Rapport fait au nom de la Commission chargée d'examiner le projet de loi, adopté par la Chambre des Députés, relatif à la remise aux départements de l'entretien et de la construction des routes nationales (art. 66 et 67 détachés du projet de loi du budget général de l'exercice 1896)**, par M. BARDOUX (18 juin 1896). Paris, imprimerie de P. Mouillot (s.d.), in-4°, 39 p. (Sénat, session de 1896, n° 143.)

89. **Rapport fait au nom de la Commission chargée d'examiner le projet de loi, adopté par la Chambre des Députés, relatif à la constitution des Universités**, par M. BARDOUX (23 juin 1896). Paris, imprimerie de P. Mouillot, 1896, in-4°, 72 p. (Sénat, session 1896, n° 146.)

90. **Rapport supplémentaire fait au nom de la Commission chargée d'examiner les propositions de lois, adoptées par la Chambre des Députés, relatives : 1° à la suppression des octrois; 2° à la suppression des taxes d'octroi sur les boissons hygiéniques**, par M. BARDOUX (22 novembre 1896). Paris, imprimerie de P. Mouillot (s.d.), in-4°, 25 p. (Sénat, session extraordinaire de 1896, n° 10.)

91. **Rapport fait au nom de la Commission des finances, chargée d'examiner le projet de loi, adopté par la Chambre des Députés, autorisant l'acquisition par l'État des bâtiments du Collège Sainte-Barbe**, par M. BARDOUX, (25 mai 1897). **Paris,** imprimerie de P. Mouillot (s.d.), in-4°, 10 p. (Sénat, session de 1897, n° 135.)

COLLABORATIONS DIVERSES

Indépendant du Centre, de 1868 à 1870.
Journal des Débats.
Revue des Deux-Mondes.

1781-07. — Coulommiers. Imp. PAUL BRODARD. — 1-08.

www.ingramcontent.com/pod-product-compliance
Ingram Content Group UK Ltd.
Pitfield, Milton Keynes, MK11 3LW, UK
UKHW022115190726
13855UKWH00003B/877